节日研究
第十一辑

Festival Studies

主编 李松 张士闪

主办 文化部民族民间文艺发展中心
山东大学

学苑出版社

图书在版编目（CIP）数据

节日研究. 第11辑 / 李松，张士闪主编. ——北京：学苑出版社，2016.1

ISBN 978-7-5077-4964-9

Ⅰ. ①节… Ⅱ. ①李… ②张… Ⅲ. ①节日－研究－中国 Ⅳ. ① K891.1

中国版本图书馆 CIP 数据核字（2016）第 028802 号

出 版 人：孟　白
责任编辑：洪文雄
封面题字：周巍峙
装帧设计：徐道会
出版发行：学苑出版社
社　　址：北京市丰台区南方庄 2 号院 1 号楼
邮政编码：100079
网　　址：www.book001.com
电子信箱：xueyuanpress@163.com
联系电话：010-67601101（销售部）　67603091（总编室）
经　　销：新华书店
印 刷 厂：北京京华虎彩印刷有限公司
开本尺寸：787×1092　1/16
印　　张：10.25
字　　数：160 千字
版　　次：2016 年 2 月北京第 1 版
印　　次：2016 年 2 月第 1 次印刷
定　　价：36.00 元

《节日研究》编辑委员会

顾　问：周巍峙
主　任：李　松
副主任：张　刚　陈　炎
委　员：（按姓氏笔画排序）
　　　　王建民　王晓葵　方　辉　巴莫曲布嫫　叶　涛
　　　　田兆元　乔晓光　刘宗迪　刘铁梁　杨正文
　　　　余　从　张士闪　张小军　张　跃　孟　白
　　　　赵世瑜　赵宗福　洪文雄　贺学君　徐万邦
　　　　高丙中　高志英　董晓萍　廖明君　樊祖荫

《节日研究》编辑部

主　编：李　松　张士闪
副主编：张　刚
编辑部主任：崔　阳
编　辑：（按姓氏笔画排序）
　　　　马秋晨　王学文　孔令平　许雪莲　张诗尧
　　　　苗丽燕　崔　阳　黄　莺　龚梓健

目 录

聚焦·节日与舞蹈

主持人语　崔阳／2

民间舞蹈是传统节日习俗的重要载体　梁力生／3

国外节日舞蹈研究所引发的新思考　欧建平／6

一个新的学术视角的挖掘与传播　江东／9

舞蹈在节日中的社会文化表达　王建民／11

关于节日与舞蹈命题的思考　车延芬／14

从身体技术走向身体文化与社会　王学文／16

特稿

因同而和：中国跨界民族舞蹈的文化认同
——以景颇／克钦族"目瑙纵歌"为例　车延芬／20

酉水流域土家族传统节日舞蹈研究　张远满／33

作为体化实践的社会记忆：论岁时节日中的民间舞蹈　王莹／45

节日文化空间视域下民间舞蹈的传承与保护　孔令平／55

魁阁节日观察

国境线上的盘王节：勐腊县磨憨镇新明瑶村的边界实践　贺佳乐 / 67

麻批麻普：黑树林地区螺蛳寨段氏家族节日变迁与族属流变　杨漪 / 82

扬供水族霞节：家族的当代实践与地域权力重塑　李建明 / 99

节日调查

天津皇会民间舞蹈的传承与嬗变　张巍 / 120

重要民俗节日中的甲子英歌舞　赵颖 / 127

平和中的追问——奇台大泉塔塔尔自治乡塔塔尔舞蹈文化调查　戴虎 / 137

西和乞巧舞蹈的特征与社会功能浅析　叶俏华 / 146

附录

中国节日志已出版书目 / 155

节日研究
Festival Studies

聚焦·节日与舞蹈

主持人语

崔 阳

继推出《节日与戏曲》专辑之后,我们在第十一辑的《节日研究》中又把聚焦点落在了节日中的舞蹈上。事实上这两个专辑有异曲同工之妙,它们都是为了给传统的戏曲和舞蹈研究开拓一个全新的视野,同时也可以给中国传统节日研究寻找到一条独到的切入路径。众所周知,中国民间舞蹈与人生礼仪和传统节日有着密不可分的联系,甚至有很多舞蹈是仅在某个特定的节日场景中才出现的,而舞蹈在节日时空中承载的意义与功能也是综合和多元的。它们既融合了敬重神灵祖先的神圣性,也承载了普通民众对美好生活的期许与向往。从更深入的层面上说,研究节日中舞蹈还能为了解民间社会的组织体系和社会文化秩序的表达提供思想之源。

综上所述希望节日与舞蹈之间的诸多关联能给我们今天的学术讨论带来丰富的灵感和广阔的向度。最后借此机会向参与讨论的学者们表示感谢,期待着来自不同领域的大家能够碰撞出精彩的火花!

崔阳,《节日研究》编辑部主任。

民间舞蹈是传统节日习俗的重要载体

梁力生

对于"节日与舞蹈",我认为这个题目内涵非常广,涉及面也非常大。

《节日研究》与《中国节日志》项目的关联性很大。初步看来,如果要讨论"节日与舞蹈"这个研究主题,首先要考虑它的基本属性。节日是在中国民间传统的基础上绵延下来的,每一个节日都是一个比较广泛的或者说是比较系统的民间的一种习惯。那么舞蹈呢,与节日相比,我觉得它是一个主和从的关系,简单地说,"舞蹈是为节日服务的",或者说舞蹈依附于节日这个习俗才能够延续和传承下去。离开了节日,离开了民俗空间,民间舞蹈就没有了原动力,也就没有了促成民间舞蹈世代相传的基本动力,那么舞蹈就很难生存,我认为这两者的关系应该这么看。

节日当中的很多习俗和内容在大量的民间舞蹈当中都有很生动的体现,比方说汉族流传最广的节日舞蹈,龙舞和狮舞,这些民间的传统舞蹈,它就贯穿了节日当中的很多内容。比方说节日习俗里面的,一到逢年过节,龙舞和狮舞肯定要上场表演,那么这种潜在的意识就是通过舞蹈这个载体表达民众的一种追求:吉祥、幸福、平安、驱邪等夙愿,或者其他的精神诉求。舞蹈实际上是替代民众通过节日这个环境空间来表达民众的真实愿望,或者是

梁力生,中国艺术研究院研究员。

心里的一种良好追求，那么它们之间的关系就很清晰了，舞蹈就是在民间的传统习俗这样一个空间里，一个民族或是多个民族始终一贯的绵延到今天的这么一种文化现象。

节日习俗当中，我认为它汇聚了很多通过不同的节日、不同的民间的节令性的习俗，舞蹈通过各种形式和内容呈现各个民族都有它们不同的表达方式，舞蹈本身也是通过这种方式形成了舞蹈的基本属性。民间的舞蹈种类很多，每一种舞蹈都有一个基本属性，主要是表达民众的一种诉求，其中由于民间习俗它的氛围和诉求以及环境、场合的不同，或者说舞蹈的表达群体不同，从而形成了舞蹈多种多样的风格和它的基本特色。之所以想到这些，我认为，这里面讲到的是文化交流，舞蹈的文化交流功能也是通过这样一种节令当中的习俗来达到一种交流目的。比方说有很多舞蹈，它们是表达男女情爱的，关于男女情爱的舞蹈有很多，如"跳月"这种舞蹈，它就发生在一种特定的场合：月光皎洁，森林中的空地，中间竖立一棵大树，到了一个特定的日子，方圆几里或上百里的男女青年就会聚到一起，通过跳芦笙舞等舞蹈来达到男女之间互相的情感交流，并在最后找到意中人这么一个目的。

把属于民间舞蹈的任何一种舞蹈拿出来，它肯定是从属一种习俗或从属于多种习俗当中，它不会是游离于习俗之外的，纯粹为了舞蹈而进行的舞蹈，几乎是没有的。只能说有的舞蹈是专属于某一种习俗，或者说是在特定的习俗当中进行舞蹈的展现，来表达这种习俗当中深层的精神上的诉求。但是有的舞蹈它又是多功能的，有的舞蹈就不见得是专属于某一种习俗，它可能交叉在多种习俗当中，比方说龙舞和狮舞，其中龙舞的用处很多，不仅是表达一种吉祥、追求平安的愿望，求雨也是龙舞特定的一种表达方式，而且可以说，舞龙求雨习俗更久远一些，它从古代的土龙，到了汉代开始舞有色的龙，到了近代后，它更多的是表达一种愿望。舞龙除了求雨以外还有求子的目的，舞龙求子这种习俗很多，例如有些地方的舞龙队是专门为了求子服务的，哪个地方想求子，这个舞龙队就要专门扎一条崭新的龙，选定一个吉祥的日子，这个龙队用新扎好的龙到需要求子的地方去，七里八村的凡是婚后不孕不育的，或者要结婚的希望要个孩子的，还有一些没有找到对象，但是希望以后能够子孙繁盛的，所有希望求子的民众聚集在一起等着舞龙队，舞龙队到了求子现场就进行热烈的表演。龙队"盘龙"结束这就表明舞龙求子表演活动结束了，这个时候活动的高潮来临，渴望求子的民众一拥而上，首先会盯着龙嘴里的龙珠，谁抢到龙珠谁实现愿望的可能性最大，龙珠抢不到的民众就抠龙眼，扒龙脚，撕龙皮，每人都要找一样东西，最后龙被大家分掉了，然而每个人的愿望都有了着落，不管抢的是什么，大家都把它带回家，回去等着抱孩子。像这些表达多种习俗的民间舞蹈有很多，但百分之九十以上的民间舞蹈都是有专属性的，也就是说在特定的习俗当中，特定的场合进行特定的表演，这种习俗集中表达要诉求的一种愿望，表达一种人们的理想。通过这些也实现了文化传承和群体之间交流的目的。甚至包括一些宗教节目，例如"羌姆"，也可以叫"跳神"，各地的叫法不一样，实际上是通过这种人与神的沟通达到一种求神的目的，这是一种人与神之间的交流手段，通过信仰仪式达到信徒与信徒的交流，表演者与观众之间的交流，达到多种对象之间的交流。所以说节日是一种习俗，是习俗形成的一种时间和空间的结合。节日不是为了节日而节日，而是一种传统习俗负载下形成的各种节日，或者说各种仪式、特定的表现方式。

国外节日舞蹈研究所引发的新思考

欧建平

听到"节日与舞蹈"这个题目,大家一定都非常高兴,因为大部分"节日"都是让人高兴的日子,而节日的出现又与舞蹈的发生有着密切的因果关系。

《诗·大序》曰:"诗者,志之所之也。在心为志,发言为诗,情动于中而形于言。言之不足,故嗟叹之。嗟叹之不足,故咏歌之。咏歌之不足,故不知手之舞之足之蹈之也。"这个舞蹈的"起源说"言简意赅地告诉了我们,当我们高兴得说也说不清,唱也唱不明时,就只能手舞足蹈,直抒胸臆了!因此,把"节日"与"舞蹈"这两个主题词搁在一起来做研究,可谓恰到好处,而在我们多年的研究中,它们也经常是同步发生的。

我进舞研所已有30多年了,主攻方向是外国舞蹈,因此,我搜集的大量外国舞蹈、音乐、美术、民俗、宗教的图文与视频资料中,有不少是这方面的。总的来说,外国的节日与舞蹈也是这种因果关系的,希望能让这些资料派上用场,洋为中用。

这些资料中,非常重要,也相当精彩的有我2007年去东京时,在浅草地铁站的商店里淘到的两张由NHK音像公司录制的碟,一张叫《日本的祭》,另一张叫《世界的祭》。"祭"在日语中就是"节日"的意思。记得我当时像疯了一样,本来已从地铁站出来了,却又心甘情愿地买了张票,再次进站,

---

欧建平,中国艺术研究院研究员。

才把那两张高清的碟买到手的。

当天晚上，我回到酒店，独自观看时，深受震撼，此后又看过多次——在日本的这些"祭"或"节日"里，不但有太多的中国传统文化，而且随着日本经济、文化的发展、国民素质的提高，这些大规模的群众集会上，虽然参加者来自公司、企业、银行和学校，但所有的巨型彩车、彩灯、服装、道具，都是精心制作的，充分表现出日本人做事精益求精的民族精神！

这张《日本的祭》虽然只有77分钟，但却精选了北海道的札幌，东北的青森，关东的东京和千叶，中部的长野、石川和岐阜，近畿的大阪和歌山，四国的高知和德岛，九州的熊本、福冈和长崎，冲绳共八个地区的节日盛景，其传统的节日中，有春季的元旦、春节、成人节、偶人节、端午节、桃花节、樱花节、女儿节、春分、男孩节，夏季的夏节、七夕节、烟火节、盂兰盆节，秋季的中秋节、敬老节，冬季的忘年节、除夕等等，以及散见于全年的祭海节、灯节、社火节、御柱节、高山节等等。

整张碟一开始，就是人们兴高采烈地边走边舞，其中既有民间舞、古典舞，又有武术舞、街舞；穿戴的服饰中，既有传统的，又有时尚的；使用的乐器中，既有各种大小的鼓，又有简单质朴的笛；手持的道具中，既有折扇、团扇、竹板、鼓槌，又有众男子齐心协力抬起、抛起，然后送到海中去的神阁；用纸张和布匹制作的各种神祇中，个个色彩鲜艳、凶神恶煞、张牙舞爪、威猛强大，足以驱邪除疫；舞者队伍中，则是男女老少皆有，尤其是不乏各种年龄段的男性。画面中，常有几万民众欢腾雀跃的壮观场面，但依然是有序的，没有踩踏的事件发生。

外国舞蹈史上，一直有这样的说法："看你有什么样的舞蹈，就知道你有什么样的国王"；我想补充的是，"看你有什么样的舞蹈，就知道你有什么样的臣民"！日本民众这种强大的爆发力、凝聚力和秩序感，通过它的节日与舞蹈，可以说是表现得淋漓尽致！像日本这样一个岛国，为什么能够快速地崛起，成为世界的强国？这就是原因所在！因此，节日中的舞蹈不可小觑，它能表现出一个民族的气势、一个国家的威力。相比之下，我们的节日中似乎缺少这种民众自发的张力，而日本的经验是值得我们研究和学习的。

在《世界的祭》这张碟中，75分钟的容量里，收录了亚洲、美洲、大洋洲和欧洲的14个节日；在亚洲部分，它收录了泰国的水灯节、中国汉族的春节和傣族的泼水节、印度的洒红节；在美洲部分，它收入了巴西的狂欢节、墨西哥的万圣节、秘鲁的太阳节；在大洋洲部分，它收入了波利尼西亚的大溪地庆典、澳大利亚原住民的角力节；在欧洲部分，它收入了俄罗斯的元旦、西班牙的奔牛节、啤酒节和西红柿节、法国的复活节、意大利的狂欢节……真是琳琅满目，让人目不暇接、心花怒放，即使身在别处，也能感同身受到这些国家的节日盛况，并且意识到，舞蹈是其中最重要的成分，因为它是一种综合性的艺术，一定包含了音乐，以及化妆、服装、道具等美术的成分！

从这张两碟的视觉震撼中，我不由地联想到，我们的这个研究项目不应满足于只把"节日与舞蹈"这个选题做成一本书，而是还应将最具代表性的节日和舞蹈录制成视频资料，然后加上简明扼要的解说，制作成一套碟，发行到国内外去，因为这是个读图时代，这是个用视觉说话的时代，光靠文字是不够的——年轻人这些我们未来的接班人，没有兴趣和时间去看我们的论文。更有，视频资料中所包容的海量信息，是文字无法囊括的，但对不同领域、不同需求的人来说，则可以各取所需，因此是价值连城的！

仅就我近年来，去各地，尤其是去二三线城市讲学的亲身感受而言，基层的大学师生们，乃至广大的民众，是非常渴望通过我们的讲座获得新知的，而这些年来，我们主要还是在北京、上海、广州等大城市里做讲座，顶多只是根据研究院、文化部、教育部的项目，到边远地区去做几个讲座，但这是远远不够的！

因此，我的第二个建议是，我们这个"节日研究"编辑部应该在全国范围里举行系列性的讲座，把我们的研究成果传播出去。事实上，学者走向大众，面对面地讲解，心对心地答疑，可以将自己关在书斋里研究出来的成果活态化、灵动化，甚至可以从广大民众那里得到许多新的问题、新的思路。

一个新的学术视角的挖掘与传播

江 东

首先,从民俗学的角度来看,因为要研究节日,那么与节日相关的方方面面都应纳入到这个范畴中来。从舞蹈学的角度上来讲,根据以往的研究,类似的、与舞蹈有关的内容是海量的,不是一本书,甚至一百本书的内容也完全概括不了。但是从节日的角度来透视舞蹈或者反过来说以舞蹈的角度来认识节日,这是一个非常好的角度,也正是以往我们研究这个问题没有考虑到的。这样的角度为我们的舞蹈学术带来了新的活力。用节日与舞蹈或节日研究、节日中的舞蹈这个现象作为命题的话,这样一个学术的视角可能会激活很多我们现有的民间舞蹈的学术资源,所以我觉得这个角度非常有意思。正如刚刚梁老所说的,节日本身作为舞蹈依附的一个场域,可以让民间舞蹈更长久地发展和传承下去。这是一个我们以往很少涉猎也很少去考虑的研究角度。我理解的节日,咱们的节日研究,可能还是中国传统的节日,与国庆节、教师节、劳动节、妇女节无关。这样的传统节日,无论古今中外,舞蹈都是主角。我想舞蹈作为主角的原因,主要还是因为舞蹈本身对于节日这样一种仪式性的活动,有着一种非常醒目的、容易造气氛的特质。因此我觉得我们以往的研究更注重了舞蹈本身的情况,而忽略了舞蹈生存类、延续类的这样一种范畴。从舞蹈与节日这样一种角度出发,能够对我们今后在舞蹈方面的

江东,中国艺术研究院研究员。

研究提供一个新的学术视角，一定会让更多的人关注到这样一个领域。

这样的研究在以往有很多的积累，这是从十套文艺集成志书开始到现在所形成的一种视角，这个领域的人才已经很多，他们研究的舞蹈形貌，多多少少都会与节日有关。如果我们把这样一种学术视角确立下来的话，我相信会有源源不断的成果能借助我们这个阵地发表出来。因此我就想，我们目前节日研究的内容更重要的在于传播，在于这样一个观念的传播，这就为民间舞蹈的传播提供了一个更大范围的视角。如此一来我们以往的研究就可以重新整合，或者在这样一个视角之下重新思考，都可以纳入节日与舞蹈的研究中间来。如果是这样的话，以往的很多材料经过整合之后都可以用。我们现在要来写这样一个角度的问题的话，是不是这次聚焦更注重的是哲理思考的方面，也就是更注重方法论，更注重它的道理层面的东西，从而让这次座谈成为关于节日与舞蹈这一研究领域的、带有学术指南性的东西。因为这样可以大概的规范一下现有的一些学术成果、学术资源。如果这本书这样做的话，是不是以后的刊物可以把这一研究延续下去，而非一次性做完，使之不断地有更新的、更深入的成果出现，这刊物在一本一本书出完之后是不是应该有栏目性的东西，使节日与舞蹈永远地存在下去。以后的研究成果也就可以借这个平台源源不断地发挥出来。

中国从事民间舞蹈这一领域的人才可以说是最多的，包括各地的大学、高校，他们都有自己地域性很强的学术意识，注重从自己的地域差异来寻找领先的、与他人不同的角度来写作。我们都可以团结他们，全国各地，无论汉族还是少数民族，这个领域的研究者都是最活跃的一批人。如果能把这些人都团结起来，用这一角度、话语、范畴，让大家进入到这一范畴中间来，可能会让我们的研究更健康，更有活力，并源源不断地产生新的成果。现在从全国来看的话，舞蹈方面的硕士生教育，已经是铺天盖地的了，他们可能做不了太深入的研究，但是如果从这样一些角度，比如从节日的角度深入到田野中间去，可以把海量的资源集中呈现。所以如果把硕士生导师团结、纳入到这样的学术视野中间来，这个事就能够越做越好。

舞蹈在节日中的社会文化表达

王建民

在节庆活动中充分体现出艺术在文化之中的重要性,为什么一到重要的时间,民间的活动总是与艺术结合。不仅舞蹈,音乐、武术,戏曲也是如此,一到节日之时就要隆重表演,与平常的安排不太一样,这是节日期间的重要文化活动,对节日与艺术之间关系的认识,很值得讨论。

在节日的喜庆欢乐中间,包括舞蹈在内的艺术具有重要地位,不然就不能成为节日。当然反过来说,为什么艺术具有重要地位,因为它不仅仅是狂欢,还是对社会和秩序的安排。讲到社会秩序,可能就会涉及人们对跳舞者的认知,这是谁的舞蹈,即舞蹈归属权的问题,还有通过舞蹈呈现出来的文化等级性,或者说文化的级差性,比谁跳得好,我还是你,我们村还是你们村,跳得越好就说明某个人或某个村越牛气,就如同比谁种的庄稼更好一样。过去的民间艺术一定要有绝活。表演者中间存在着竞争,竞争带来技术等表现手段的提高,技艺提高和竞争的目的带有很强的功利性。这是一种社会秩序的安排,也是一种自我价值的标榜。正如庙会表演中的争强斗胜,社会的等级性通过舞蹈来展现,有时候跳舞跳好了可以赋予舞者一种地位,得到这种地位就比一般的人高一级,得不到的就得退让。这是舞蹈具有的多种社会功能。

王建民,中央民族大学教授。

说到节日中的社会秩序，拿陕北彩门秧歌来说，其中就表现出了竞争和礼让的关系，秧歌队来了要三进三出，要有礼让，可是在这个礼让中间，本身就已经在较劲了，你唱得如何，秧歌跳得如何，事实上是在打擂台。当地质就是竞争，却又不是撕破脸皮，而是一种礼让性的、隐形的竞争，这就是民间的一种秩序。它既是民间礼仪的展示，又是民间技艺的竞争，这个技艺本身就与社会秩序、等级联系在一起，表达出一种社会的差异性。

再比如绥德秧歌的沿门子，秧歌队要到村子里面挨家挨户地走，但不一定每家每户都去迎接，预先说好了接你就得放鞭炮，放了鞭炮后秧歌队就进去，进去以后还要看这家事情的大小，比如大学录取、娶了媳妇、生了孩子，这些事比较重要，主人在家里安排了酒席，这个时候秧歌队除了要转几圈之外，还要来上几段即兴的节目，包括小戏，小品、小场子秧歌，把这些东西都加在里面，同时还要表达对村委会领导的敬重，以此来体现社会等级，过去是财主。又如正月十五这天，各乡镇的秧歌队要到各级政府机关大院里表演，主人会准备一些零食小吃，以维持一种未来的社会关系，因为未来这个社会网络还得进行下去。带领秧歌队去表演的镇长、乡长，在人们对秧歌队表演的赞誉中为自己添金。因为陕北秧歌是国家级非物质文化遗产名录，在国家文化发展与经济发展两手都要抓的大背景下，哪一个乡镇跳得好说明文化建设就抓得好，可以在县领导面前表现出来，这是一种战略，也是一种竞争。所以他们在这方面投入很大，准备很认真，当然其中还有文化局的人被派驻到乡镇指导，以此来表现文化局的政绩。这就是很有意思的一种展演。

同时，节日中的舞蹈展演也是一种文化秩序，那文化秩序又指的是什么？首先是人的信仰，天地宇宙观，现在有些地方依然保留着祭庙，秧歌开始之前，先要拜庙，拜完才能跳和唱，否则就会得罪地方神灵。虽然老百姓信奉的程度不如以前，但还保留着这样一种习惯。有的地方的拜庙仪式要持续三天，各地不一。陕北只拜一下。祭拜使用的油灯碗、蜡烛等等器具都必须摆上。什么人唱什么段子是有规定的，如老头就能唱老段子。解放以前，前后半夜分不同的类别，如（后半夜唱的）荤段子。后来因为荤段子涉及色情，内容不健康，不能唱，时间一久就不会唱了。但是素段子有人会，老年男人会唱，现在的女角是真正的女人唱，但以前都是男扮女来唱。这就是一种文化秩序的安排，男女有别。

还能说明这个问题的是九曲黄河灯，它的技艺非常丰富，比如组成河灯的365根杆如何捆扎，它讲究乾坤阴阳，这与村落的位置相关，规则不一，扎法也有变化，在扎的时候又得考虑九宫，九宫之间又讲究阴阳相对。九曲黄河灯表演的时间一般在春节期间，都是秧歌闹起来以后，以单数的日子结束。转九曲开始之后，文化的秩序就开始显现，因为转九曲黄河灯要用自己的灯，灯被各色彩纸包裹，这个灯最后要端回家。很多老乡在转完九曲以后要抢灯，抢一个或者两个、三个，为的是求子、求姻缘。文化秩序、乾坤阴阳、家族繁衍、许愿驱邪、生活美好，这些表达都是节日研究中不可忽略的，关注到这些，才能对舞蹈艺术、对节日的内涵有更深的把握。

通过研究民间的舞蹈，对节日才能有更深的理解，同时节日对人们理解舞蹈和社会意义、加强情感联系和文化认同都有重要价值。从舞蹈的研究上来说，一方面表现出节日舞蹈的社会意义和文化意义，也就是之前说的社会秩序，与此同时我们又注意到这样的表达是在情感的宣泄中完成，它不同于思想教育，而是激情投入的过程，在这种过程中间意义就实现了。在以往的研究中，我们把理念和情感的东西区分开来，而现在的这种研究模式无疑具有启发意义，把舞蹈作为一种媒介去看，重新理解文化意义和情感之间的关系，它们是不能分开的。所以在舞蹈中，情感的表达和秩序的理念是相互支撑的，理念秩序孕育于情感宣泄之中，而情感的投入又促进了秩序、理念和社会关系的内化。这个视角对我们的学术研究必将带来新的启发。

关于节日与舞蹈命题的思考

车延芬

从节日的视角来研究舞蹈，我此前专门的研究比较缺乏，并没有特意做过这方面的考察，但是无论在阅读还是学习过程中都经常会遇到，实际上节日与舞蹈是一个命题作文，首先应该考虑两者的关系，从节日中来考虑舞蹈，然后从舞蹈中对节日进行进一步理解，进行反观，节日与舞蹈是一个主从概念。

就我自己的思考，第一是节日的分类。既然中国的传统节日很多，那就应该对其有一个合理的规划和布局，有具体分类，比如从汉族与少数民族的角度来区分，从宗教信仰还是地理区域，亦或语系从属等，这些都可以作为一个对节日分类的视角。

第二，何为节日？何为舞蹈？在这样一组关系中如何理解节日和舞蹈，对于节日是什么，专业上一直没有一个科学的考量，就我自己的理解，节日是时间和空间的交汇点，人活着要经历生命周期（也就是生老病死）和生活周期，从春节开始到这一年结束的一系列东西，对节日和舞蹈的理解都离不开对人的理解和对人的关怀。所以对节日和舞蹈的理解都应该有一个清楚的解释。

而对于什么是舞蹈，就我的理解而言，舞蹈不是一种单一的艺术形式，

车延芬，中央民族大学讲师。

而是一个整体的概念，它不仅是一种艺术形式，更是一种生活方式。如果把舞蹈的概念定位在这个层面，那后面对于它与节日关系的研究就会更顺理成章一些。

第三，舞蹈在节日中为什么重要，为什么处于显要的位置？舞蹈是节日中很重要的一部分，这与舞蹈自身的属性有关，那我们如何通过舞蹈的艺术属性来进一步发掘舞蹈的身体动作和它最后的文化逻辑，这其中有很多空间。可以说，舞蹈是人们身体力行的参与节日的方式，舞蹈可以表达喜悦，交流情感，而且它也是民族认同的非常重要的方式和手段，比如景颇族的目瑙纵歌，在那个场景之下，舞蹈是加强人与人之间、民族与民族之间交流的一种有效手段。这是舞蹈非常重要的一种属性，这也是我们研究舞蹈的新角度。其实有些舞蹈是某个节日专有的，而一些则是任何节日场景中都有的，这需要做一个专有的分类，因为它专有必有其原因，这个原因值得去关注，会对我们的研究有所启发。同时，历史的视角不可忽略，也比较重要，从历史的视角来关注节日中舞蹈的变化也十分必要，像有些舞蹈曾经是纯粹祭祀仪式性的，而现在演变为群众自娱性的，比如蒙古族的安代舞，维吾尔族的萨玛舞，这些都是舞蹈自身功能的一种转换。在我们对个案进行研究之后，可以通过这些个案，对节日和舞蹈的关系进行再总结、认识。

从身体技术走向身体文化与社会

王学文

我理解的"节日与舞蹈"至少有这样三个层面：一个层面是节日中的舞蹈，一个层面是舞蹈的节日，还有一个层面是节日与舞蹈。我们希望经由这样一个聚焦栏目，让研究者从节日文化情境的角度解读舞蹈，从作为身体技术、身体艺术的角度理解社会文化。

举几个例子。一个是江西石邮的跳傩。我们有一年在那里度过了整整一个春节，调查记录跳傩。对于跳傩，研究舞蹈的人都说这是舞蹈的活化石，因为它离戏曲还有一段距离，但它也已经是舞蹈化了的一个状态。石邮跳傩有七个节目，分别是《开山》、《纸钱》、《傩公傩婆》、《酒壶仔》、《跳凳》、《双伯朗》、《祭刀》。从社会文化的角度、村落社会的角度来看石邮跳傩，我们发现石邮村的跳傩极其富有程序性和规定性，跳傩的顺序、跳的节目不是随意的，而是有固定的路线、固定的内容。有的厅堂跳全部节目，有的则只跳其中几个节目。其原因则只有从历史和民众记忆中去追寻。就七个节目本身而言，也可以有一番文化的解读。《开山》喻指开天辟地。《纸钱》拿一个东西甩来甩去，实际上是女娲抟土造人的演绎。《傩公傩婆》《酒壶仔》则是人们世俗生活的呈现，夫妻和睦、相夫教子、人类繁衍。《跳凳》是几个小鬼

王学文，文化部民族民间文艺发展中心规划研究处处长、《中国节日志》编辑部副主任。

在逗黑脸的阎王，代表人神的交流。《双伯朗》、《祭刀》则是对勇武、忠诚的演绎。七个舞蹈节目，从古朴的、甚至是不美的动作里传递出的确是如此深刻地世界观念和价值体系。我们将舞蹈放在节日的时空里，深化了我们对节日、舞蹈的理解，得到更加深刻、更加丰富的解释。

另一个例子是贵州苗族的反排木鼓舞。反排木鼓舞的舞蹈动作有些是反身体习惯的，让人觉得难于理解。这可能与他们的劳作习惯有关，这就需要到他们的社会文化空间中去研究和分析。又比如哈尼族的苦扎扎节，在这个节日时空里，大家会化妆，会戴面具，还会内衣外穿，类于"化装舞会"。舞蹈的动作中有很多对于男女亲热动作的模仿。这样的舞蹈可能就涉及族群历史、社会结构，社会秩序。节日就是在平常时间中的特定时间段，一个特定的时空环境，在这个环境中，情感上、身体上表现出不同平常的状态，可能和舞蹈是同一类东西。正如舞蹈什么时间跳，怎么跳，对着什么人跳，谁参加跳，穿着什么衣服跳，可能在这个节日时空里都有特定的涵义，有特定的规定性。这就是我们这个专题想要考虑的一个维度。从这个维度里去理解节日与舞蹈、重新理解舞蹈，这是我们所追求的东西，也希望能够有更多的专家、学者能从这个角度去理解、去解释。

节日与舞蹈，可以关注精神层面的东西，比如说信仰，还有社会层面的东西，比如社会秩序，等级尊卑，男女关系，还应该关注某一个人群在长期的生产生活过程中形成的表现在身体上的东西。身体的技术，身体的记忆，还有就是身体的社会、身体的文化。我们希望有更多的人能够参与到这样一个研究领域中来，对这个问题进行思考和讨论。

节日研究
Festival Studies

特 稿

因同而和：中国跨界民族舞蹈的文化认同
——以景颇／克钦族"目瑙纵歌"为例

车延芬

摘要

跨界民族舞蹈是我们认知社会文化的一种方式和角度。本文从中国景颇族与缅甸克钦族同源跨界而居的民族历程出发，以传统节日盛会"目瑙纵歌"为例，通过对其历史传承与文化"复兴"过程的描述与分析，指出景颇族与克钦族是如何通过"情境"中的舞蹈来实现文化认同的，籍此来探索中国跨界民族舞蹈文化认同研究的多种路径与方法。

关键词

跨界民族舞蹈　景颇族／克钦族　"目瑙纵歌"　文化认同

车延芬，中央民族大学讲师。

本文已发表于由中国民间文艺家协会主办的《民间文化论坛》2014年第12期，经与作者协商同意，本刊将其转载。

作为中国民族民间舞蹈研究，亦或是人类学艺术研究的一部分，中国跨界民族舞蹈（cross-border ethnic dance）以其跨越国界的地理分布，似而不同的舞蹈语言，多重的民族文化特征成为民族（民间）文化研究中不可缺少的组成部分。跨界民族（cross-border ethnic groups）既指在紧靠边界两侧，居住地直接相连，分居于不同国家中的同一民族，[1] 而且也指在相邻国家的边界附近地区活动的那些同一民族。跨界民族是一种特殊的民族群体，它具有政治性与社会性，民族性与文化性等多重特征。跨界民族舞蹈研究所包括的对各民族日常生活中的仪式、歌舞和表演的文化价值和意义的阐释，不仅能够表明其民族间的交往和互动方式，阐明其艺术行为背后的深层文化内涵，而且在寻求跨界民族与其他民族在社会互动过程中和谐共处的方式中有着不可或缺的作用。

20世纪90年代以来，随着中国陆路边疆地区逐渐成为对外开放的前沿，跨界民族及其相关问题研究开始重新成为人们关注的焦点。中国约有31个民族跨19个国家居住，其中，在西南地区边境线上就有约20个左右的跨界民族或文化群体。中缅边境线绵延约2000千米，这里山川与河流相连，民族与文化同源。中国景颇族与缅甸克钦族[2]就是生活在这条边境线上的跨界民族之一，他们自称"景颇"[3]，语言均属汉藏语系藏缅语族。景颇族和克钦族属于典型的"先有民族后有国界"的跨界民族。景颇先民起源于中国古代氐羌部落，为寻找更适宜居住的自然环境，他们从青藏高原出发，沿着金沙江和怒江等河谷南迁，逐渐定居在滇西缅北等地区。这一迁徙路线在景颇族大型节日庆典"目瑙纵歌"中的目瑙示栋和舞蹈时的路线，以及"埋魂"时的《丧葬歌》中均有着象征性的表达。"目瑙纵歌"又称"木脑纵戈"、"木脑总过"、"木脑总戈"等，新中国成立前曾称为"木代目脑"、"木代总过"。"目瑙"和"纵歌"为景颇支系语和载瓦支系语中对"聚集在一起歌舞"的

特稿

---

[1] 金春子、王建民：《中国跨界民族》，北京：民族出版社，1994年，第1页。需要说明的是，与跨界民族这一概念同时使用的还有"跨境民族"、"跨国民族"、"跨国界民族"、"跨界人民"等概念。在笔者看来，同一研究对象出现不同界定方式，源于跨界民族本身的特殊性、复杂性和敏感性，以及研究者思考问题角度的差异。

[2] 在印度还有兴颇人，与中国景颇族和缅甸克钦族属于同一跨界民族。

[3] 缅甸克钦族主要分布在中缅交界处的克钦邦和掸邦。他们自称景颇，缅族和外族人称他们为克钦，其中，因地区差异又有所不同：缅族对孟拱地区和户拱河谷一带的克钦人称"景颇"，对其他地区的克钦人则一律称为"克钦"。

不同称谓，原为景颇人"祭鬼祷神"的一种祭祀性活动，现在则演变成凝聚民族历史文化和精神的传统节日盛会。19世纪末20世纪初，随着西方殖民势力的侵入与国界线的划定，中国景颇族和缅甸克钦族逐渐形成今天跨界而居的状况。由于新中国成立后中国一直奉行"和平共处"的外交政策，克钦族与我国人民之间一直保持着较为频繁的往来关系，他们走亲访友，贸易集市，相互通婚，生活和游走在边境线上。不间断的生活交往使得国界线两侧的景颇民众在语言、生活习俗及其文化上保持着较高的一致性，他们曾多次共同庆祝民族节日"目瑙纵歌"，在节日的氛围中用艺术化的身体语言实践着对彼此、对本民族文化的认同。

跨界民族舞蹈是我们认知社会文化的一种方式和角度。"认同"(identity 或 identification)一词在弗洛伊德看来，指的是"个人与他人、群体或模仿人物在感情上、心理上趋同的过程"[1]。它虽然是一种主体行为，由"自我"界定，但却又是自我与他人交往的产物。文化认同（culture identity）是在与异文化主体交往互动中产生的认知本民族文化内容的从心理到行为的一种实践过程，通常被理解为一系列对本民族文化的反思性行为，甚至包括对所在民族文化体系的重新认识和界定。文化认同具有多重特征，它包含对民族起源、生活方式、宗教信仰、语言文化等方面的认知。文化认同有浅层认同和深层认同之分。浅层的认同可以通过对包括民族语言、生活方式和风俗习惯等外在文化因子的认同来实现。深层的认同应该是隐含在这些艺术符号背后的宗教信仰和族群起源，它们更为稳定的存在于同源民族的社会生活中[2]。通过舞蹈这一艺术形式对同源跨界民族文化认同的解读，我们可以从关注其发生的共同"情境"开始。"情境"在本文中既包括纵向的历史序列，也包括横向的文化诸因子，更包括舞蹈事项所发生的那个特定的时间与空间。

一、因同而和：同源分流·跨界而居

中国云南德宏傣族景颇族自治州和缅甸钦敦江、伊洛瓦底河上游的热带和亚热带高原山区是中国景颇族和缅甸克钦族的主要聚居区。这里雨量充沛，

---

1 车文博．弗洛伊德主义原理选辑[M]．沈阳：辽宁人民出版社，1988:375．
2 雷勇．论跨界民族的文化认同及其现代建构[J]．世界民族，2011（2）．

气候温和。边界两侧的人们主要采用以农业劳作为主，兼以畜牧业或手工业为辅的生产方式。或因大规模战争，或因不堪当地土司奴役，或为寻找更富饶的土地，现代景颇、克钦族逐渐在历史进程中逐渐形成与中国阿昌族、傣族和德昂族或缅甸克伦族、掸族和崩龙族（即中国德昂族）等民族或文化群体交错杂居的局面。从古至今，无论是民间自发的生活交往，边民贸易，还是政府促成的友好往来，他们的"胞波"情义传递频繁，几乎从未间断过。"贡萨"（山官制）是过去景颇族和克钦族大多数地区的政治制度。山官管辖区域有大有小，从数十个村寨到一个村寨或数户不等。山官负责本辖区的生产、习惯法、政治、军事等，有着明确的责任和义务。此外，山官在宗教事务中权利重大。"历史上只有山官才能祭祀'木代'、举行'目瑙'。山官每年要主持祭祀寨鬼'能尚'（即'官庙'）。山官主持祭祀'能尚'时，要挨家挨户集资物资。如果祭得不好，他就会被百姓抛弃。因此，祭'能尚'的能力和结果就成为评价传统的山官好坏的标准。"[1]虽然在19世纪70年代至20世纪初，在景颇支聚居的缅甸江心坡、户拱河谷，和我国今德宏西部的莲山支丹山和盈江铜壁关等地区，爆发了群众性的反山官制斗争，产生了新的由选举而来的管理制度"贡龙"制，但在缅甸大部分山区，山官制度仍在一定程度上保持着，基层政权至今仍由头人、山官掌握。克钦邦的各级政府官员、邦议会议员、邦人民委员会委员等，大多是山官、沙朗和原官种的后裔。[2]此外，过去的景颇族和克钦族社会的基本单位是一夫一妻制的父系小家庭，许多人仍遵循传统的单方姑舅表婚[3]原则。结婚过程相似，一般是以明媒正娶为主，婚礼时要杀猪宰牛，摆宴席，跳圆圈舞。

  一般来说，身体运动方式和舞蹈姿态的形成与居住环境、生产方式和生活习惯（包括饮食，住宅形式，服饰配饰等）等有关，这些内容化身为文化符号塑造着人们的体征，约束着人体的运动方式。如果说这些因素影响着人体运动及其姿态动律形成的话，那么共同的信仰则使得人们有着对生命，对生活和社会的相似的舞蹈表达方式。从历史上来看，过去中国景颇族和缅甸

---

[1] 高金和. 缅甸克钦族的山官制[J]. 边疆经济与文化，2009（6）.
[2] 金春子，王建民. 中国跨界民族[M]. 北京：民族出版社，1994:250.
[3] 即姑姑家的男子必须要娶舅舅家的女子，但舅舅家的男子不能娶姑姑家的女子，景颇人称"血不倒流"。景颇族和克钦族通婚关系较为宽泛，一般只要不是同姓均可通婚，但严格遵循姨表不婚的原则。

克钦族的宗教信仰基本相同。他们认为祖先灵魂可以永生，迷信鬼神，崇拜祖先，信仰万物有灵的原始多神教。景颇人献祭的鬼特别多，约180多个。天鬼最高，地鬼最大，头人（官家）供奉的鬼最为尊贵。为了报答善鬼，驱逐恶鬼，他们就要不时的举办祭祀活动。主持祭鬼活动的巫师称为"董萨"，他们是沟通人与鬼的中介，人们通过他们向鬼神祈福消灾，表达愿望。"董萨"享有较高的威望，能讲述创世史诗和民间传说，也是本民族传统文化的传播者和继承者。这些宗教信仰和思想意识，在民族生活中逐渐形成规范化的宗教仪式和活动，舞蹈为他们信仰体系的表达与交流提供了一种较为直观的呈现方式。虽然景颇族的宗教信仰早已从"万物有灵"发展到鬼神崇拜阶段，基督教也在19世纪末20世纪初进入中国和缅甸地区，但我们今天仍然可以看到"鬼神"信仰在他们生活中的留存。

丧葬舞蹈是景颇族与克钦族原始宗教信仰较为直观的体现。景颇族和克钦族中凡属正常死亡的生前德高望重的老人都会举行较为隆重的丧事活动。一般家里有人去世后，会立即在家门前敲响铓锣并鸣枪数响向村民报丧。这时，亲邻们都会从四面八方赶来帮忙。"克钦人的葬礼别具一格，墓穴四周挖有壕沟，上盖坚固的木顶。死者生前使用过的衣物及刀枪都要随葬。"[1]当晚，村寨的青年男女会到死者家里跳丧舞，通宵达旦，因为跳舞持续时间越长，死者家人就越觉得有光彩。之后，克钦人还要专门为死者的灵魂和先辈的灵魂聚合而举行送魂仪式，在他们看来，送不走的灵魂便会成为家鬼。与缅甸克钦族相似，中国景颇族在举行葬礼期间也要连续数日通宵达旦的跳"布滚戈"、"思港斋"、"金寨寨"等丧葬舞蹈，并由"董萨"诵经，为亡灵举行送魂仪式，将死者的魂魄送回祖先居住的地方。景颇族群内部的等级关系在葬礼中表现明显，人们会根据死者年龄、身份、地位和经济条件的不同而举行不同规格的葬礼，跳不同的丧葬舞蹈。一般说来，"布滚戈"是一种较普遍的祭祀性舞蹈，普通的成年人死后都会跳这种丧葬舞蹈。在两个或三个不同音高的铓的伴奏下，人们用节奏较为缓慢的与生产有关的动作来表达对死者的怀念之情。基本动作有两大套[2]，一套表现种粮食的生产过程，大致包括砍路、踩土、种豆、打猴子、春新米等40多个动作，一套表现种棉花的生产过程，

---

[1] 林华雄，王介珍. 缅甸克钦族与目脑盛会 [J]. 民族译丛，1980（6）.
[2] 刘金吾. 中国西南少数民族舞蹈文化 [M]. 昆明：云南人民出版社，1996:58.

大致包括砍路、烧地、撒棉籽、纺线、织筒裙等20多个动作；"恩港斋"是颇有威望的老人死后在跳"布滚戈"之外加跳的舞蹈。这类死者一般生前都较为勇猛，杀死过仇人或猛兽。因为他们生前杀戮过多，为了防止这些鬼魂阻挡他们灵魂的回归，所以人们就要持刀舞枪，以安送他们的灵魂顺利返回祖先故地；"金寨寨"是为三世以上同堂的死者跳的丧葬舞蹈，在跳"布滚戈"的最后一天的太阳西下时开始跳。从"金寨寨"的服装来看，研究者普遍认为它纹身彩面，头带树叶帽，藤蔓缠于腰部的身体装饰较好的保留了景颇先民的历史生活面貌。在跳此舞的同时，群众还要在外围跳"龙洞戈"。"龙洞戈"除了在葬礼中跳之外，平时也可以跳，其步伐与"目瑙纵歌"有些相似，气氛较为热烈；"木代总"是只在供有"木代"鬼的山官家的人死后才有资格跳的舞蹈。

在历史的进程中，中国景颇族和缅甸克钦族作为同源民族，虽然有着明确的政治边界，不同的国籍身份，并分别表现出与其他文化支系之间的碰撞和交锋，但共同的民族起源和生活环境，相似的生活方式和原始信仰使得他们生活中的艺术形式仍然表现出诸多的文化相似性。民族（民间）舞蹈存在于人的生命的起点与终点，贯穿于一个人年复一年、周而复始的生活与生命的循环中。舞蹈是人们的生活方式、风俗习惯、宗教信仰，以及伦理观念印刻在身体上的痕迹，在某种"情境"中通过身体有规律的运动自然的流露出人们对个体与民族，历史与现实，情感与理性的认知。找寻跨界民族生活中共同的文化事项可以作为我们理解和认识跨界民族舞蹈文化认同的前提。作为同源跨界而居的民族群体，中国景颇族和缅甸克钦族在与其他民族的交错杂居与生活往来中，他们在民族信仰等诸多民族文化事项中表现出共同的文化相似性而相"和"。通过"目瑙纵歌"来进一步讨论文化认同就是依托于民族历史与生活这一"情境"中的"同"来实现民众对生活经历与生命历程的"和"的表达的。

二、同与和："目瑙纵歌"的历史与"复兴"

如果说丧葬舞蹈是景颇人鬼神信仰在生活中的鲜明体现的话，那么"目瑙纵歌"则成为景颇人的宗教信仰，生活习俗，生命观与世界观等的综合性的"表征"。今天的"目瑙纵歌"虽然省去了祭祀"木代"鬼的内容，却仍然保留了庆丰收、喜团结的文化精髓，表现出民间舞蹈从宗教性转向自娱性的特征。我们一般认为，不同民族或族群的文化规则约束和规范着人的行为，每个人都会不自觉的按照这种文化规则来组织语言，进行社会交往。因此，不同民族的舞蹈动作会受到其文化规则的影响而表现出不同的运动方式和规律，进而依托不同的民族文化而呈现出不同的风格韵律与特点。从中国景颇族舞蹈与其他少数民族舞蹈的比较中我们发现，各支系的舞蹈除了在个别动作和舞蹈节奏强烈程度，以及动作的力度和韧性上有所差别外，在历史源流和表演场合，舞蹈的种类和内容，表现形式和风格特征等方面基本一致。这种表面上的"一致性"有多种原因，但其中一点不可忽视，那就是体现出景颇文化体系较为规范和具有约束力，从而为我们进一步通过舞蹈而展开文化认同的研究提供良好的前提。"目瑙纵歌"深厚的历史文化渊源，规整性和程式化的艺术形式，"集体狂欢"的节日氛围为跨界民族舞蹈文化认同中"同"与"和"的认知提供了一个历史的和现实的场景。

虽然景颇族和克钦族关于"目瑙纵歌"的传说都非常丰富，但有一种传说极其相似："在很久以前，太阳神邀请地球上的众生万物到太阳宫里参加'目脑'，但能到天上参加这一盛会的只有鸟雀。当盛会结束，鸟雀返回地球时，为了回味'目脑'的欢乐场面，大家推选孔雀来领舞，举行地球上第一次'目脑'。此时，景颇族祖先胜拉娃贡扎和木代农颇阿刚好在丛林里，他们目睹了百鸟歌舞的盛况，回到寨子后便将这事告诉大家，并将学到的舞姿、队形教给了人们。从此，'目脑'盛行起来。"[1] 景颇人从鸟雀那里学会目瑙舞，而鸟雀的目瑙舞又是从太阳神那里学来的这类传说在景颇族和克钦族中均有流传。从诸多传说中我们可以看到，"目瑙纵歌"可谓集古代景颇文化和生活于一体。虽然传说与现实相去甚远，却涉及到景颇人的原始宗教、战争、驱邪、悼念、婚姻等现实生活中的诸多方面。

缅甸克钦族举办传统的"目脑盛会"（即"目瑙纵歌"）并无硬性规定，但与中国景颇族一样，一般四、五年举行一次。因为只有杜瓦家（山官）才有"木代"鬼，所以杜瓦掌握着祭祀与农业生产有关诸神的权利，而老百姓

---

1 吴密奈.目脑[M].仰光：缅甸文化部国家出版社，1961:5.

唯有在"目瑙纵歌"期间才获得祭祀"木代"天神的机会。克钦族"传统的目脑盛会充满宗教色彩，主要的有祝捷时举办的'不丹目脑'；发家致富时感谢天神木代的'宿目脑'；'求目脑'则是长辈病故或家里有病人时求神保佑而举办的；分家时，迁出者要举办请木代天神的'光仰目脑'；乔迁时请神驱逐恶魔的仪式则称为'吓破敌目脑'。另外还可以根据举办者的愿望、举办的季节而派出各种名目的目脑。"[1]中国景颇族的"目瑙纵歌"种类则更为繁多，有20种、9种、8种和5种之说。虽然分类多样，但均以祭祀为主旨，有特定的主题和形式，从而说明它的内容和形式在历史进程中的不断变化。古老的"目瑙纵歌"要举行四到八天，每天都有系列的祭祀活动。祭司"斋瓦"（大巫师）在"目瑙盛会"的准备到仪式结束的过程中均起着重要的作用。克钦族的祭祀请神都在白天由"斋瓦"在祭祀房内进行，他们吟唱祭词，吟诵民族史和主办人的家族史。至傍晚时分，"斋瓦"则挎上布包，腰佩长刀站在广场（一般在举行"目瑙"的主人家住宅前的空地上设目瑙广场）一端，念诵与保佑举办者全家和族人平安无恙，福寿安康，并祝愿大家尽情欢宴等有关的咒语。之后，目瑙舞会便开始了。"与会男女老少、施主家族及目脑盛会的工作人员分别围成一个个圆圈，绕着广场中央的目脑柱翩翩起舞，舞姿随各自领头者的变化而变化，内容随身份不同而有所差别，但大多是反映克钦人生产和生活情况的骑马舞、撒网舞、寻牛舞等。"[2]

现今，缅甸政府规定每年的元月底二月初为目瑙盛会期，而中国景颇族举行"目瑙纵歌"的时间一般在农历正月十五开始，延续两至六天，时间取双不取单。届时，居住在附近山区的景颇人和克钦人都会盛装汇聚于此，欢庆节日。在举办的广场上树立的四根"目瑙示栋"（又称"雌雄牌"）原来是祭祀太阳神的祭坛，是为神灵临时休息和享受供品提供的场所，现在则演变为举行"目瑙纵歌"活动的标志，甚至是景颇族文化的标志之一。从历史上看，目瑙示栋主要经历过三次[3]大的变化：木制的乌目瑙示栋、神京目瑙示栋阶段和20世纪80年代后的钢筋水泥目瑙示栋阶段。简单来说，右边示栋上多绘以蕨菜花纹，以象征景颇族众的团结与奋进；左边示栋上常绘以回旋纹构

---

[1] 林华雄，王介珍．缅甸克钦族与目脑盛会 [J]．民族译丛，1980（6）．
[2] 林华雄，王介珍．缅甸克钦族与目脑盛会 [J]．民族译丛，1980（6）．
[3] 施洪等．景颇族目瑙示栋中的动物元素 [J]．楚雄师范学院学报，2013（7）．

成的若干个四方形，以象征景颇先民的迁徙路线；中间两根示栋间置有交叉着两把长刀，作为景颇男子骁勇刚毅性格的标志。除了这些象征性的几何图形外，目瑙示栋上还绘有日月星辰、粮食蔬菜，以及鸟兽等动物的形象。20世纪80年代以后，人们根据社会的变迁和生活的变化不断更新着目瑙示栋上的图案，添加新的体现生活变化的文化符号，保留最核心的体现民族历史与记忆，象征民族精神与力量的象征符号。如，1995年为纪念景颇文字创制100周年，在缅甸曼德勒所建的目瑙示栋上人们增加了一些如鱼、企鹅、大象、长颈鹿等动物的图案。又如，1983年至1988年在中国德宏州的目瑙示栋上还出现了拖拉机、汽车、轮船、卫星等图案[1]。而像蕨菜纹、回旋纹、刀，以及太阳和月亮等极具民族特点与文化内涵的图案虽然绘制方式几经变化，但却一直以来都被延续使用。景颇人对目瑙示栋上的图案的删减，从一个侧面反映出他们对本民族文化的认知经历过借鉴学习、文化交融与碰撞，以及自我迷茫与反思的历史过程，当然，这一过程的实现与社会精英在民族文化"复兴"中的重要作用关系密切。

舞蹈虽然不是"目瑙纵歌"的全部，却是最引人注目的部分。传统的目瑙舞蹈应该是在"瑙双"带领下严格按照目瑙示栋上的图案进行。作为领舞的"瑙双"又被称为"武双"，由两位头戴饰有孔雀翎、犀鸟嘴壳和银泡的"瑙双"帽，手持银柄长刀的巫师组成。作为副领舞的"瑙巴"又被称为"文双"，他们在服饰和帽子上与"瑙双"略有差别，手持银柄长刀位于"瑙双"之后。跟随他们而舞的是景颇民众，男人手持长刀于胸前，女人手拿扇子、手绢、花环、竹箩等，在腰部和肩部带动下双膝微曲，在横移步，向前、向后和原地转身的步伐中身体顺边摆动，并伴以"窝然……窝然"的歌声，表现出景颇人坚强勇敢，潇洒乐观的民族精神。虽然景颇各支系身着服装不同，所执道具不同，但他们的步伐是基本一致的，那就是在一顿一趋的步态中，向前走六步，原地顿六步，并不断重复下去。目瑙舞的表演形式看似单一，实则并不简单，"走线路"[2]是它的核心概念。随着加入的人越来越多，场面越来越壮观，整个舞队弯曲流转，逐渐显现出复杂的队形变化。即使人数再多，即使队形变化再复杂，也不会出现混乱状况，因为领舞者"瑙双"和"瑙巴"

---

1 陆云. "目瑙纵歌"在景颇文化现代传承中的功能 [J]. 云南民族大学学报，2004（1）.
2 江东. 现象、功能、价值——亲历"目瑙纵歌" [J]. 民族艺术研究，2012（3）.

将严格按照舞蹈规则来，如出现差错将会招致天神的责怪。

在少数民族地区，由官方发起并主办或协办大型民族节日活动似乎已经成为当代民族文化展演的方式之一。尤其是在"十一届三中全会"以后，随着民族政策的逐步落实，一些民族活动也开始陆续恢复，并呈现出一种民族文化"复兴"的状况。"目瑙纵歌"就是这样一种在1979年以后由当地干部群众自发组织和举办的传统民族活动之一。虽然中国从1958年到"文革"结束期间未曾举办过"目瑙纵歌"，但部分景颇民众曾多次越过中缅边境线到缅甸参加"目瑙纵歌"。缅甸克钦族到云南德宏参加"目瑙纵歌"的记录则更为详细，以陇川县为例。据不完全统计，在1925年、1936年、1945年和2006年的"目瑙"盛会中均有缅甸克钦族参加，其中，"1936年2月，瑞丽弄贤的线诺坎，在弄贤举办了目瑙。因为线诺坎他们改信基督教，缅甸八莫等地的教会很支持他们的行动，四处动员宣传。中国缅甸的景颇族去了很多，约三四万人。这是许多景颇族人记忆中较大的一次目瑙。"[1]值得一提的是，德宏州的景颇族在恢复"目瑙纵歌"的过程中，陇川县文化干事也曾派人到缅甸学习绘制"目瑙示栋"的图案。"随着国内'目瑙纵歌'的恢复，中缅两国的景颇族和克钦族在举行'目瑙纵歌'时相互邀请参与和互相祝贺，更进一步加强了'目瑙纵歌'这一双方共有的节日文化的传承和发展，跨境流动对于'目瑙纵歌'而言具有较强的互补性。"[2]通过跨界民族的共同努力，经由跨境流动而实现的传统民族节日的"复兴"中，"目瑙纵歌"也许是个较为特殊的例子。它与深处内陆其他民族地区的民族节日或仪式的"复兴"相比，虽然也经历了从有到无，从消失到"复兴"的过程，但它的"复兴"却因为包含了更多"鲜活"的内容，使得"目瑙纵歌"看似从未从民族（民间）生活中消失过一样。

如果说传统的"目瑙纵歌"从传说到民族生活，从舞蹈到民族文化，无不用"同"的历史与现实"情境"承载着边界两侧景颇人的信仰与生活的话，那么，"复兴"的"目瑙纵歌"则在社会精英的推动下，通过当代景颇人对

---

[1] 马居里.陇川景颇族"目瑙纵歌"的传承与发展——兼及非物质文化遗产的保护[J].西北民族研究，2013（3）.
[2] 马居里.陇川景颇族"目瑙纵歌"的传承与发展——兼及非物质文化遗产的保护[J].西北民族研究，2013（3）.

本民族文化的反思实践着文化之"和"。然而,我们应该如何认识"目瑙纵歌"的"复兴"?"复兴"不应该仅指对传统艺术形式的原样复原,因为所谓的复原已经添加了当代人"重构"的思维方式。"复兴的目的在于对少数民族文化的意义的再认识,而不是对传统的少数民族文化体系的任何真正意义上的复兴或是保存。传统文化经历了永恒的变化过程,它是对被涵化的文化体系的再认识和重构。"[1]对于景颇人来说,"复兴"的"目瑙纵歌"是对作为民族主体的"自我"和民族文化精神的重新认识,当然,这种认识在缅甸克钦族的帮助、参与和认同下增添了更多的"真实性"。实际上,在"复兴"的"目瑙纵歌"中许多文化符号和内容已经发生了变化,如举办时间与空间,目瑙示栋上的象征符号与制作材质等等,只是随着社会的变迁和生活方式的变化,人们在民族文化的认同中对这些外在的形式符号似乎并不再如过去那般苛刻,而那些物质与非物质的文化事项背后的象征意义却仍然在他们的心目中有着重要的作用。"复兴"的"目瑙纵歌"更是对"和"的一种表达。文化之"和"应当既包括对本民族共同历史的回溯追忆,也包括主体在心理上的认同和回味,这是景颇人对传统的民族文化认知的一种心理表现,是对本民族的历史与文化,对彼此的一种建立在自我反思基础上的主动的行为方式。

三、结论和讨论:中国跨界民族舞蹈的文化认同

舞蹈是民族生活中的一部分,人们通过身体的运动来表达情感,填充生活意义。舞蹈从来不是单一的艺术形式,人们载歌载舞,用艺术化的身体语言来表达对生活、社会与自我的认识。跨界民族舞蹈是我们认识民族(民间)文化的一种方式和角度,我们通过关注舞蹈及其相关事项在时间和空间中的变化来阐释这些变化表现出来的不同象征意义。虽然实现文化认同研究的方式和角度是多样的,但跨界民族舞蹈作为一种动态的文化"表征"有其特殊的价值与意义,那就是由文化主体通过身体运动而实现的从心理到行为的对共享的从民族起源到现实生活的诸文化因子的反思与认知。

其一,因为舞蹈载体的特殊性,同一民族的舞蹈形式在不同时期会表现

---

1 David Y.H.wu. 中国少数民族的文化变迁与民族认同 [J]. 冷非,译. 贵州民族研究,1996(3).

出或多或少的差异性。舞蹈的体态、动作和动作修饰，以及队形和舞具的变化是人们在历史进程中，通过一代接一代的对舞蹈传统的不断认识，在保留基本风格韵律不变的情况下，表现出对社会变迁和生活方式变化的身体表达，从而通过保存、发明和添加新的文化内容而实现文化传承。不管舞蹈的形式和内容发生何种变化，那种从民族文化之"根"中生发出的与民族精神相契合的"韵律"与"味道"将永远是我们理解与舞蹈文化有关的诸问题的主要方式与路径。

其二，在舞蹈的文化认同研究中，我们不能忽视"情境"的重要性。就跨界民族舞蹈来讲，文化认同研究应该具有一种层次性。较为直观的服饰、语言、生活方式等我们都可以通过载歌载舞的体征来认知，这是舞蹈的文化认同的第一个层次。而通过身体有规律的运动传达出来的有关民族起源与宗教信仰的内容，更需要借助文化"情境"的力量来实现。例如，"目瑙纵歌"中的服饰和舞具中，我们可以看到不同支系不同地方的景颇人之间的差别，而隐含在目瑙示栋的象征符号和舞蹈队形中的宗教信仰和民族起源的信息则是通过"目瑙纵歌"的情境中各部分文化事项之间的互动关系中实现的，这应该是舞蹈的文化认同的第二个层次。所以，文化认同不应该仅指文化内容表面上的"同"，更应该标示出隐含在表面相似性的文化事项背后的逻辑的"同"。

其三，文化认同既包括在异文化主体的影响和参照下的对本民族文化的反思，也包括分居在其他国家的同源民族主体彼此间的文化认同。人们通过日常生活与社会交往，以及在节日氛围中察觉到彼此间文化的相似性时，能够感受到一种连接你我内心的情感的力量。国家作为政治边界对文化认同的影响不容忽视，但并不会起到完全的"区隔"作用。此外，文化认同中的社会精英起着不可小觑的作用，他们是实现文化认同的实践者。社会精英在与异文化主体的交流互动中，敏锐地捕捉到自身与他者之间的区别，重新学习本民族文化知识，自觉地反思本民族文化特性和未来发展趋势，并努力实践其文化理念。

如果我们把一种跨界民族所共有的，在历史上真实存在过并兴旺过，而在现代社会文化生活中仍然对人们的生活起作用的这种舞蹈文化形态视为一种文化传统的话，那么，考验其历史性与现代性，民族性与普遍性，共享性与差异性的标准之一就是,看它是否能够得到边界两侧人们的认可,而这将是我们进行中国跨界民族舞蹈文化认同研究的主要路径与目标。

酉水流域土家族传统节日舞蹈研究

张远满

摘要

传统岁时节日是一个民族在长期历史发展中形成的、具有一定意义的、在特定的时间举行庆祝或祭祀仪式的日子，是一个民族生活习俗的重要组成部分。本文以酉水流域土家族传统节日舍巴节、过年节、跳马节为桥梁，剖析节日中的民间舞蹈，即摆手舞、毛古斯、跳马，进而探讨传统节日是民间舞蹈的传承载体。

关键词

酉水流域　土家族　传统节日　民间舞蹈

张远满，浙江传媒学院讲师。

此文为浙江省教育科学规划课题"中国传统节日在高校文化教育中的现状及对策研究"阶段性成果，项目编号为：2015SCG208。

岁时节日是人类社会发展到一定阶段的产物，它的产生过程是人们认识自然、了解自然、改造自然的过程，是一个民族生活习俗的重要组成部分。酉水流域土家族[1]在生产和生活过程中形成了丰富的民族节日，创造了丰富多彩的节日文化。从节日内容看，土家族的节日可分为祭祀节日、纪念节日、庆贺节日、社交游乐节日及生产性节日五类。[2]

一、酉水流域土家族的节日观念

生活在封闭的武陵山区的土家族，没有自己的历法，由于受到汉族文化的影像较深，土家族的节日系统与汉族的节日系统有很大关系，他们的节日借用了汉族的农历纪年法，但又不完全相同。"土家族与汉族交往密切，土家族选择了汉族的某些节日习俗镶嵌在自己的节日习俗上，但不是完完全全的照搬，而是经过了一定的过滤、变形和改造，然后与土家族节日习俗相结合，使之符合土家族文化的需要，既不雷同于汉族节日，又极富有土家族个性，给土家族传统文化涂上了丰富的色彩。"[3]

土家族的节日和历法有很大关系，虽然土家族没有自己的历法，而是借用了汉族的农历，但是土家族的节日又有很多特殊之处。彭英子在《土家源》中提出两个观点：第一，土家族的节日是土家族历法的主要表现；第二，物候是土家族历法的时间表。土家族的几个重要节日如过年、过十五、四月八、大端午、大重阳等，它们的时间不是提前一天就是推迟十天，避开其他因素不说，其实与土家族的生产相关。[4]土家族民间就有很多有关节日的谚语，

---

[1] 土家族，当今人口已经超过八百万，土家族自治区域在地理上包含鄂西山区和武陵山区，这两个地方其实是连成一片的高地。虽然是山地民族，但河流对于土家人来说非常重要，河流是土家族文化生长的重要依托，它们为土家人的繁衍生息提供了无穷的资源。从当今自治州县的行政建制和水系的地理关系来说，土家族的分布，北以清江流域为主，其中湖北省恩施土家族苗族自治州涵盖了清江上游水系，东侧宜昌市的长阳和五峰县则位于清江下游。南边以酉水流域为主，主要有恩施土家族苗族自治州南部的来凤县以及湘西土家族苗族自治州的龙山、永顺、保靖等县。武陵山区的酉水流域被大多数土家学者公认为土家族的典型地区，而且与其他土家族地区相比，由于交通的不便使得当地的土家族文化在传统性上保留得比较完整，具有一定的代表性。同时，武陵山区也是古文化东西传播的纽带。
[2] 彭官章. 土家族文化 [M]. 长春：吉林教育出版社，1991：172.
[3] 彭官章. 土家族文化 [M]. 长春：吉林教育出版社，1991：172.
[4] 彭英子. 土家源 [Z]. 龙山县民族事务局（内部资料），2008：90.

对人文精神、社会交往和农业时令都有很大的启示作用。如："土地佬打了伞（二月二土家族的土地神生日，打伞就是下雨的意思），一升荞子打一碗。土地佬发了汗（发汗就是天晴的意思），一升荞子打一石。"意思是农历这天下了雨，当年的收成肯定不好，反之则就是丰收在望。又如在古历的五月十几和二十几是土家族所在地武陵山区的梅雨季节，其中五月十五为土家族的大端午节，在大端午节前后下雨是对农业丰收大有裨益。所以有土家族以五月十五大端午为中心的农谚说："十三磨刀水，十五端午水，十八拖船水，二十龙相会，有谷无谷当看二十五六，大落大收，小落小收，一滴不落，颗粒无收。"这说明古历五月份梅雨季节的雨的大小对农作物的生长至关重要。再如："六月六日阴，牛草贵如金。六月六日晴，牛草吃不赢。"说明六月六日晴对农作物的生长有利，因为农作物的秸秆要做牛过冬的饲料。又如有一农谚："九月重阳，打破牛栏。"意思是到了农历九月以后，农闲的时节开始了，人和大牲畜都可以悠闲了。这些农谚说明土家人对节日时令的看重和有关节日时令对农业的直接影响的认识，同时也反映了土家人的节日观念。[1]

岁时节日中，最常见的娱乐活动就是歌舞了。上元节，城内四街，城外四乡，悬灯，或扮演龙灯、狮子、竹马及杂剧故事。……龙狮舞罢，扮杂剧，丝管吹弹，花灯成队，唱"荷花"、"采茶"等曲，谓之"唱秧歌"。或饰男女为生旦，扮小丑，谓之"跳秧歌"。听者谓之"听秧歌"。十二三日为正灯，十五六日为罢灯，喧阗彻夜，曰"闹元宵"。竹枝词：灯火元宵三五家，村里伢鼓也喧哗。他家纵有"荷花曲"，不及依家唱"采茶"。"荷花曲"甚俚。"采茶歌"有曰："二月采茶茶发芽，姊妹双双去采茶。大姐采多妹采少，不论多少早还家。三月采茶是清明，奴在房中绣手巾。两边绣的茶花朵，中间绣的采茶人。"

酉水流域土家族的节日风俗与其历史、生产生活、宗教信仰等方面紧密相关，随着时代的发展，节日风俗也随着不断发生着变迁。新中国成立后，随着经济和文化水平的提高，岁时节日也有了重大变化。如过去土家族过年时祭祖是合寨宰牲，较为隆重，现在多为各自家庭备酒肉祭祖，仪式趋向简化。现代民俗活动多功能化日益明显，土家族节日的复合作用也越来越突出。

---

[1] 张伟权. 土家族节日研究——以龙山县土家族节日为例 [J]. 湖北民族学院学报（哲学社会科学版），2006（2）.

酉水流域土家人在欢庆节日时，开始注重开发节日的商业价值。如开展"摆手舞大赛"，举办"舍巴节"的民俗文化旅游等活动，不仅使这些传统节日得到推广，也给当地的旅游业带来了新的活力。这些传统节日中极富土家族特色的歌舞艺术活动，丰富了当地民众的精神生活，成为酉水流域土家族公共文化时间的重要组成部分。以下笔者结合舍巴节、过年节、跳马节中的歌舞为具体个案展开分析。

二、舍巴节中的摆手舞

舍巴在土家语中即"摆手"的意思，舍巴节是对以摆手舞为中心的综合性民俗文化活动的总称。舍巴节的日期各地有所不同，有农历正月、三月、六月、春社和秋社。清光绪四年（1878年）《龙山县志》载："土民赛故土司神，旧有堂曰摆手堂，供土司某神位，陈牲醴，至期既夕，群男女并入。酬毕，披五花被锦帕首，击鼓鸣钲，跳舞鸣歌，竞数夕乃止。其期或正月，或三月，或五月不等。歌时男女相携蹁跹进退，故谓之摆手。"记录的就是舍巴节摆手祭祀的重大场面。

土家族氏族社会时代分为八个部落，首领称为"八部大王"，后人将八部大王视为祖先神来敬奉，将其称为"八部大神"，一年一祭，形成了土家族人民特有的节令习俗，而在这个祭祀活动中必跳摆手舞，以娱神并自娱。

　　八部大王的像是坐在那里的，有一个太师椅，一只脚踏了一只虎，左边和右边呢就是两对金童玉女，当时的像很大。像我的爷爷，他死的时候是一百岁，现在可能有死了三十多年了，他就介绍说那个像眼睛那么大，如果天气阴森的话，过去那个建筑很阴森，进去的时候好像都比较害怕。这在神话传说当中就是说呢，皇帝很害怕八部大王，给他赐了一坛毒酒，这个人很好奇，在常德白马洞那个地方他就把酒喝掉了，人死了不倒马，很神奇，手下人禀报了以后，皇帝就觉得这个人了不得，就封他为你管阴我管阳，你死了以后阴间下面的世间你大，活着的人我来管，这样以后他才倒马，这是传说。当时就说这个人个子也是很大，也很野蛮，不野蛮他肯定也称不了大王。[1]

---

[1] 访谈对象：魏品富；访谈时间：2012年1月17日；访谈地点：保靖县碗米坡镇沙湾村。

笔者于 2012 年 1 月在酉水流域的湖北省来凤县和湖南省龙山县、保靖县开展调查，并前往了保靖县碗米坡镇沙湾村的八部大王庙遗址处，该庙以前是人们祭拜八部大王、跳摆手的地方，庙内有八部大王的神像，1959 年庙宇被毁灭，但当地的土家民众还是会在废弃的庙址上偷偷祭拜，2006 年时在地方文化人魏品富带领下重新塑造了八部大王的神像。

一般情况我们这个地方像春节的时候，一般是正月初一开始，一直初一到十五，这个地方有唱戏的，有小商小贩，那个时候消费就是一些油炸的几个东西就了不起了，还有唱戏的、玩龙灯、蚌壳灯的，也有很多节目，原始的也有，这个地方什么土家族的摆手舞历史也还是很久了。像龙山的，州里、省里的文化考古的这些到现在还是认为摆手舞起源还是在这里，社巴洞，原始的摆手舞动作比较简单，它不可能像现在舞台上那种动作那么多、那样精美的，就是几个农事的舞姿，最后欢庆一下，艺术上不可能有现在造化这么好，说实在就是这样，摆手舞起源是很早。[1]

就摆手舞而言，有大摆手和小摆手的之分。大摆手是多数人举行的活动，规模大、人数多、时间长，祭祀的主神是"八部大神"。小摆手是一村一寨或一姓一族，甚至小到一房人进行的活动，规模小、人数少，祭祀的是向老官人、彭公爵祖、田好汉等祖先神。[2] 无论是大摆手还是小摆手都是在摆手堂举行的，之前都要进行祭祖仪式。摆手舞是土家人在历史长河中结合自己的生活、信仰、节俗等文化创造表演出来的一种艺术形式，具有民间舞蹈的一般属性。

1. 大摆手——反映土家人的迁徙历史

大摆手堂的中央一般供着八部大神及其夫人"帕帕"的神像，最为典型的是湖南省龙山县农车乡的摆手堂，这里的摆手堂重修于 2006 年。大摆手活动按三年两摆的传统习俗，于正月初九至十一日举行。大摆手主要是在掌

---

1 访谈对象：魏品富；访谈时间：2012 年 1 月 17 日；访谈地点：保靖县碗米坡镇沙湾村。
2 田荆贵主编. 中国土家族习俗 [M]. 北京：中国文史出版社，1991：156.

堂师主持下的大型祭祀歌舞活动,在祭祖时要讲"古根",掌堂师自言自答说:"祖宗传下来的千言万语,都记不清了,只记得一句了。毕兹卡[1]从哪里来的?毕兹卡是从十必洞上来的,从十排路过来的。"

大摆手表演的基本程序如下:排甲、起驾、闯驾、进堂、纪念八部、扫堂禳灾、摆手祈福、大团摆。摆手舞的队伍在放鞭祭神后,首先由四名旗手进行闯堂、搅旗,据说这是重现土家先民的迁徙过程,当年他们从一个地方到另一个地方,或者去一个新的寨子都要进行闯驾,最后两个搅旗,一个包住另一个,获胜者方能进入寨子。之后是由掌堂师率领的牲礼队、神棍队和朝简队,其中牲礼队端着各种供品,供品都是献给八部大神的,神棍队和朝简队各拿着神棍和朝简以表达对菩萨的尊重。

队伍先到摆手堂前的广场绕几圈,模拟土家先民遥远艰苦的迁徙过程,掌堂师每隔一段路都会停下来,在撒酒祭神后唱起长玛词和短玛词,内容大致是"大家注意了,到了什么地方之类的"。实际上的迁徙过程十分漫长,每到一处都会有唱辞,反映了土家族历史整个的发展进程。接着神棍队在掌堂师的指挥下开始了舞蹈扫堂,以清除摆手堂上的污祟和邪气。然后整个队伍进行大摆手,舞蹈的动作与迁徙时划船跋涉和农事劳动有关,阵法有双龙出洞、大团摆、龙摆尾、龙凤朝阳等。

据《土家族摆手活动史料辑》记载,大摆手在迁徙定居中反映了族人的迁徙和定居的情况。这一部分内容记叙了土家族先民经过长途迁徙,在湘西的万山丛中寻找繁衍生息的地方定居下来的情形。迁徙途程包括六个内容:走水路、攀山坡、到勺哈、分家走、到农车和战猛兽。舞蹈动作主要有过河涉水、乘船漂滩、爬岩拉坎、平地飞奔、食野果饮山泉、风餐露宿、赞美地方、架棚定居、刀耕火种和巧斗猛兽等舞姿,身体动作朴实无华,未加更多修饰,仅以模仿为主,例如在表演走水路时,舞蹈动作为扎裤脚,男女老少相互搀扶陆续上船;在表演攀山坡时,舞蹈动作为爬岩坎、攀腾葛时吃力的前行。[2]由此可以看出,土家人将简单的摆手动作编成固定的舞蹈程式,配合鼓点节奏、踩着固定步伐,将先民的迁徙历史完美地记录了下来。

---

1 毕兹卡,土家族对自己的称呼。
2 彭继宽,彭勃编.土家族摆手活动史料辑[M].长沙:岳麓出版社,2000:239.

2. 小摆手——反映土家人的农事生活

小摆手是土家族居住区普遍盛行的一种文化习俗活动。过去，凡百户之乡，皆建有土王祠，又称摆手堂，堂前有宽敞土坪，有的还建有牌楼、戏台等，以祭土王、祈丰年为目的。男女齐聚神堂，击鼓鸣锣跳摆手，小摆手的内容以狩猎、农事舞蹈为主。[1]

据史学家的考证，酉水流域的土家是在唐朝以后才逐步走上农业生产的，但之后农业生产在土家经济生活中取得了支配地位，而反映这一现状的摆手舞，其农事动作日益增加。农事动作较为简单，也比较好学，且动作切合实际情况。它的基本摆法是：(1) 膝微屈，左足上前一步，双手顺势轻轻向前一摆，当双手轻轻摆向后时，右足即跟着向前半步；(2) 同上；(3) 右足上前一步，右足跟着上前半步，双手前后轻轻连摆两次；(4) 双足站着不动，双手前后重摆一次。如果照上述方式连摆下去，就叫"单摆"。如果照上述方式摆了一次之后，又以左足为轴心转过半圈，方向相反地再来摆一次，就叫"双摆"。在这些基本动作的基础之上，做农事动作就比较容易了。农事动作很多以单摆为主，比如挖土的动作，双手在摆动时就作挖土状；要插秧，双手在摆动时就作插秧状等。总之，只要可能，农业生产中的动作是可以吸收到摆手舞中去的。[2]

龙山县坡脚乡的小摆手舞动作主要包括：爬山、采茶、喝茶、青蛙跳坑、砍火畲、挖土、下种、薅草、照太阳、纺线、放木料、打油、拱刺垄、背苞谷、斗牛、狗连裆、站八仙。贾市乡兔吐村小摆手的动作有：砍火畲、烧渣滓、撒种、除草、栽玉米、抓鸡、老鹰展翅、纺棉花、抖跳蚤。永顺县双凤村小摆手的动作主要有：单摆、双摆种苞谷、撒小米、剥麻、换麻、吃豆渣、手冻裂、抖跳蚤、斗牛、打蚊子。[3] 这三个地方的小摆手动作基本一致，只有繁简的区别，从舞蹈中提炼出典型动作，将动作与土家族社会演变叠合，可以看出几个特点：第一，反映了最早的刀耕火种时期生活，如砍火畲、烧渣滓等；第二，农耕生活，如挖土、下种、薅草、栽玉米等；第三，战争时期

---

[1] 田荆贵主编. 中国土家族习俗 [M]. 北京：中国文史出版社，1991：159.
[2] 彭武一. 湘西土家族摆手舞的历史来源及其活动情况 [J]. 舞蹈业刊第四辑，1958.
[3] 以上资料是笔者根据文化部民族民间文艺发展中心于2011年4月前往湘西做摆手舞调查后拍摄的纪录片得出的。

的动作，如拱刺垄，据当地人介绍，这个动作表现的是古时土家和客家人为了争夺武陵山区的资源而打战，土家人输了之后在刺、草中乱躲，由此发展出了拱刺垄的动作；第四，和平时期的日常动作，如打蚊子、抖跳蚤等，还出现了斗牛、狗连裆、站八仙等游戏动作。

从动作反映的内容，结合土家族历史，可以看出摆手舞拥有渔猎劳动时期的特征，舞蹈动作充分体现了人们对劳动对象和劳动技术生疏、熟悉到再创造的模仿，随着社会生产力的发展，土家族聚居区进入农耕时代，从而出现了大量反映农耕的动作。在此期间，土家人民也经历了各种战争，于是舞蹈中出现了大量的军事动作。在摆手舞中，由于古代战争并不常见，也不是所有土家族聚居地都经历过战争，因此军事舞流传并不广泛，流传广泛的是生活气息浓厚的农耕动作和反映日常生活的动作。至此我们可以看出摆手舞与农事生产有着密切的关系。

三、过年节中的毛古斯

"过年节"祭祀活动，是土家族人每年向神灵祈求春播顺利或秋季感谢神灵赐予丰收而举行的大型祭祀仪典。据有关资料考证，其中不少土家族祭祀性舞蹈都源自于"过年节"之中，毛古斯就是酉水流域土家人过年节的仪式活动最重要的一种祭祀舞蹈。据《坡脚乡志》载：

> 毛古斯是一种原始舞蹈，俗称"玩拔帕"或"做故事拔帕"。跳者为男性，十来人到三十人不等。舞者身披稻草衣，表现生殖繁衍、迁徙、渔猎、农耕和日常生活等内容。有人物和简单情节，中间有对话，也是一种祭祀性舞蹈。各村的毛古斯分七夜进行，与摆手活动穿插进行。[1]

有学者提出毛古斯是反映土家族童年时期生产与生活的"原始戏剧艺术的活化石"，是土家族戏剧的雏形。它具有戏曲的最基本的特点：写意性、虚拟性、综合性。写意精神体现在"毛古斯"中是以虚代实，不追求绝对真

---

[1] 坡脚乡人民政府编. 坡脚乡志 [M].2002：116.

实，而把真实的东西提炼，以变形、夸张的手法形成一套符号系统，调动观众的想象力来破译符号，在破译中获得美感。其具体则是环境的写意性行为的写意性、道具的写意性，以及以少代繁、以少胜多的简洁表现。毛古斯表演的虚拟性体现则是虚拟动作的无实物表演。无论是敬祖、砍火畲、打粑粑，还是接亲、祭男根，都无实物出现，依靠演员的动作、台词，以及在长期的祭祀活动中形成的符号系统来表现。而综合性体现在它有唱词、有舞蹈、有具体情节、有特定的服装和化装。这种高度的综合性是戏曲的最基本的审美特征。毛古斯在原始状态下已经具有了这几种特征，是真正的原始戏剧，对中国戏剧起源的研究具有重要意义。[1]

杨昌鑫在《土家族风俗志》中将毛古斯形容为"似剧似舞"，他指出毛古斯是土家人纪念祖先、开拓荒野、刀耕火种、捕鱼狩猎等创世业绩的一种古老的舞蹈形式，是一种古老的舞蹈。同时它有独立的祭祀活动，有化装的"毛古斯"人物，有连贯完整的情节，堪称为融歌、舞、话为一体的原始祭神戏剧。尽管毛古斯的表演简单粗糙，似舞非舞，似剧非剧，但却在一定程度上反映了土家族所经历的各历史阶段的社会生活概貌,是一部"活化石"。[2]

毛古斯反映土家先民茹毛饮血，毕露褴褛的原始生活。主要节目有《厨拟》（找屋）、《阿个拟》（找伙伴）、《卜里》（采果子）、《宋捉》（捉鱼）、《食揭》（狩猎）、《蕨芫扎》（砍火畲）等，还有敬神祭祀的《梅嫦舞》、《握搓舞》。人类社会发展由母系社会进入父系社会，由渔猎时代进入农耕时代，从毛古斯中可以窥见土家族是一个长期居住在山区的山地民族。先民们住岩洞，在水沟里摸鱼，山里采果子、打野兽艰难生存,在刀耕火种的低生产力中求发展。毛古斯作为土家族最古老的舞蹈，展现的就是土家人的这种生命力。

现如今，政府有关部门已经将毛古斯看成了一种利于地方经济发展的文化资本，是一个可以转换为现实经济效益的文化名片和文化品牌，力图打造民族特色村落。笔者在保靖县碗米坡镇拢木洞村做调查期间有幸碰到了举办的全村一起过土家年活动，在该活动中毛古斯是必不可少的节目，但当天的毛古斯也已经完全是表演性质了，演出也比较简单，当地村民给我们介绍到：

---

[1] 覃莉.论原始戏剧"毛古斯"的保护与传承[J].戏剧文学，2006（7）.
[2] 杨昌鑫.土家族风俗志[M].北京：中央民族学院出版社，1989：174—177.

毛古斯这次只搞了三个动作，硬要整套搞完有十六个动作，这次我们大概只练啊一个晚上可能两个小时，时间太紧了，而且好多都是年轻人，事情多，每个动作搞两圈好累，搞久了脑壳都晕，东南西北都分不清楚，呵呵，反正是娱乐嘛。[1]

与中国众多的乡村传统文化一样，由于现代文明的冲击，古老的农耕生活方式改变，建立于其上的民间乡土艺术正在发生着变迁甚至已经消失。酉水流域土家族地区原始状态下的毛古斯已经很少见了，大多具有表演成分的性质在其中。但毛古斯所具有的民族认同的文化传统依旧存在，即便他们的表演场所已经发生了变迁，许多传统的因素被现代化表象所蒙蔽了，但是民众依然要在当地的过年节这个特殊的时间场合来展示它，这就是传统节日给毛古斯这种民间舞蹈提供的公众认可的传承载体。

四、跳马节中的跳马舞

土家族节令性舞蹈《跳马舞》是土家族在跳马节上表演的中心节目。土家族跳马节在春节后第一个马（午）日进行，通过祭祀，酬谢神灵，祈望年丰，国泰民安，并以展示安居乐业，村发人兴。在马日跳舞之夜，寨内寨外土家族人欢聚一堂，紧锣密鼓，马队奔驰跳跃，场上一片欢腾，以此驱逐瘟神、祈祷吉祥。

相传明朝初年，初徙湘西古丈县的土家勇士鲁力卡巴的后裔，经常遭受官匪欺扰。一个大雾弥漫的早晨，村寨青壮一齐出动，杀向敌阵。敌人惊恐万状，朦胧中见来的尽是些骑着高头大马的壮汉，刀光剑影，风声鹤唳，吓得魂飞魄散，不战而溃。从此，山寨安宁，六畜兴旺。为了显示力量，祈望年丰，遂举行跳马活动，相传至今。

跳马活动包括许马、扎马、跳马三个阶段。据史料记载："扎马数匹，

---

[1] 访谈对象：拢木洞村民；访谈时间：2012年1月18日；访谈地点：保靖县碗米坡镇拢木洞村。

全身糊以黑白黄纸，外加粉饰，如马一般。马腰间特用竹块扎两圈孔，以便人身穿入孔内，表示形同骑马状态。赛跑时，无异马跳之姿势。"跳马节历时三天三夜，包罗了梯玛酬神祀典、贺马、抬老爷、操旗、调年、西可乐、出马、跳马、烧马、审老爷、烧老爷等独具民族特色的传统艺术表演。雄鸡啼鸣，铁炮三响，各路旗手引着马队向马场进发。十二名骑士驾着各自假马，以跳代跑，威风凛凛地跃进马场。马铃叮当，鞭炮震天，鼓锣齐鸣，地动天惊。彪悍的骑手大显身手，挥舞篾刀，以粗犷的马步，多变的阵容，优美的造型，雄健的舞姿，赢得观众的热烈的掌声和喝彩，从而角逐胜负。事毕，主宾相约，男歌女唱，吹乐跳鼓，随人所好，尽兴娱乐，直至天亮。

跳马集歌舞技艺为一炉，再现了土家先民生活、劳动、战斗、祭祀场面，对研究湘西土家族的迁徙、习俗、心理素质和民族文化均有极高的价值。1989年，中央电视台在"神州风采"栏目中向全国播放了《土家跳马节》盛况。2014年2月3日，武陵网还做了"马年跳马享太平"的专题报道：土家跳马节原生态表演在湘西古丈县太坪村隆重举行，近二百名群众欢聚一堂共庆土家族连寨节日性酬神歌舞盛会。[1]

五、结语

远古时代土家族先民认为万物有灵，因此为五谷丰登、种族繁衍等经常要举行各种祭祀活动，酬谢神灵祖先的恩赐和保佑。而在土家族举行的这些各种原始的民俗祭祀活动中，除杀牲献祭和念唱祝词或咒语外，参与者多手之舞之、足之蹈之，表现出最直率、最完美又最有力的神灵附体的神秘意境。这些生动而又不拘一格的丰富多彩的动作与姿态，就是土家族的原始舞蹈与舞蹈语汇的集锦。随着社会经济文化的快速发展，土家族宗教祭祀活动减弱，逐渐形成独立于宗教祭祀活动以外的传承久远、广泛的传统节日，为土家族各种祭祀性舞蹈、娱乐性舞蹈提供了繁衍壮大的时空天地。

随着世俗化的渗透和普遍，"娱神"的含义越来越淡，甚至已经消失，

---

[1] 武陵网"土家族跳马节"，具体网址为 http://www.iwuling.com/column/zhuwaijigou/zhuejigou/2014/0204/6366.html

转而成为"自娱"活动或单一性目标的活动了。[1] 除了上文列举到的舍巴节中的摆手舞、过年节中的毛古斯、跳马节中的跳马以外，酉水流域土家族传统节日如四月八、六月六、七月半、牛王节等，无一不具有土家族人自己的特殊意义，当地民众人大都会献歌献舞，而且表演节目大都属于娱神性和自娱性的舞蹈范畴，均是土家族节日民俗的主要文化样式。

综上所述，传统节日是民间舞蹈的重要载体。在土家族的历史上，民间舞蹈的展演大多在一年四季循环往复的节日之中。土家族民间节日繁多，一年之中，大小节日数十余。自古以来，土家族传统节日就不是单一的民俗事象，有着极为丰富的人文内涵，舞蹈展演因节日主题不同而特色各异，但都无疑地植根于土家族传统节日民俗。节日因为有了舞蹈而显得热闹、祥和，舞蹈则因为依附于节日而得以流传和承袭。可以说，民间舞蹈是土家族传统节日民俗的重要内容，而传统节日则是土家族民间舞蹈得以传承和流布的最主要文化样式。

---

[1] 彭兆荣. 人类学仪式的理论与实践 [M]. 北京：民族出版社，2007：179.

作为体化实践的社会记忆:论岁时节日中的民间舞蹈

王 莹

摘要

岁时节日不仅是人类社会生产与生活的重要组成部分,也是民族和区域特色文化的独特表达。舞蹈活动是岁时节日民俗活动中最为生动、精彩的构成,也是用身体述说和延续历史记忆的代表性标识。作为某一特定时间内不可或缺、生动而具体的身体实践活动,岁时节日民间舞蹈的意义不仅限于表演、传承和纪念,更在于它或多或少地沉淀着群体的社会记忆。本文以社会记忆理论为研究起点,以山西民间鼓舞为例,探讨作为体化实践的岁时节日民间舞蹈所承载的社会记忆。

关键词

岁时节日 民间舞蹈 体化实践 社会记忆

王莹,浙江大学博士。

本文是浙江传媒学院2014年度校级科研项目《文化创意产业政策机制体系研究》(ZC14XJ059)的阶段性成果。

我国传统民族民间舞蹈，大多是在特定的时空范围内进行表演和传承。岁时节日民间舞蹈对于加深共同体凝聚、开发和丰富历史传统与历史资源、保存和延续历史记忆发挥着重要的作用。不可否认，作为一种身体实践，岁时节日民间舞蹈的现场性、情境性和这种内化为身体惯性的体化实践，能够将记忆更为深刻地沉淀在身体里。然而，体化实践对传递和维持社会记忆的重要性却没有得到如"刻写实践"般应有的重视和研究。尽管"刻写"形成的音像、文本等为我们留下了社会记忆的痕迹与证据，但体化实践所特有的记忆功能和效果也为联系过去、把握当下以及启迪未来彰显出自身巨大的感召力。

一、理论架构

记忆可以是一种巨大的力量。对自己的过去和对自己所属的大我群体的过去的感知和诠释，乃是个人和集体赖以设计自我认同的出发点，也是人们在当前着眼于未来从而决定采取何种行动的出发点。[1] 可以说，社会记忆对个体和群体的行为发挥着令人难以想象的巨大作用。社会记忆理论是社会科学整体中不容忽视的重要组成部分。学界最初对社会记忆所进行的研究是从心理学、精神分析学的领域开始的，这些领域的研究以个体记忆为主，而真正意义上的社会记忆理论探索始于上世纪80年代。自该理论走入人文社会科学的视野，就为学界提供了一个很好的研究角度与分析工具。如今，国内外对其所进行的研究已经形成了一个热点话题，诸如人类学、民族学、社会学、历史学、哲学等学科均对其发表了很多评论与著述，而且已有很多学者运用该理论对某些现实问题进行了分析。尽管源于欧洲大陆、而后在北美也得到广泛传播的社会记忆的研究历史并不长，但可以看出，社会记忆理论对人文社会科学（至少在西方）产生了重大影响。

"社会记忆"一词是由涂尔干学派的第二代成员莫里斯·哈布瓦赫的"集体记忆"演变而来的。对记忆研究的生理主义与个体主义的反思与扬弃，是哈布瓦赫集体记忆研究的起点。哈布瓦赫将其定义为"一个特定社会群体之

---

[1] [德]哈拉尔德·韦尔策. 社会记忆：历史、回忆、传承 [M]. 北京：北京大学出版社, 2007:3.

成员共享往事的过程和结果，保证集体记忆传承的条件是社会交往及群体意识需要提取该记忆的延续性。"[1] 他认为，"集体记忆具有双重性质，既是一种物质客体、物质现实，比如一尊塑像、一座纪念碑、空间中的一个地点，又是一种象征符号，或某种具有精神含义的东西、某种附着于并被强加在这种物质现实之上的为群体共享的东西。"[2] 他突破性地提出了"集体记忆"的概念。他所理解的集体记忆"不是一个既定的概念，而是一个社会建构的过程。"它使过去的形象适合于现在的信仰与精神需求，"当下性"与"社会建构性"是"集体记忆"的两个重要特征。哈布瓦赫关于"集体记忆是立足于现在而对过去的一种建构"这一论断为社会记忆理论提供了一个全新的研究视角。但哈布瓦赫有关集体记忆的论述发表之后，并没有很快在当时的学术界产生普遍反响。直到美国学者保罗·康纳顿的《社会如何记忆》由剑桥大学出版社后，许多社会学与人类学的田野工作者们对集体记忆（或社会记忆、村落历史记忆以及家庭记忆等）给予了高度的重视与关注。保罗·康纳顿认为，记忆不仅属于人的个体官能，而且还存在叫做社会记忆的现象。他用"社会记忆"的概念替代了集体记忆，着重强调了个人记忆的社会性特质。和哈布瓦赫相比，康纳顿更多地关注了社会记忆的传递性与连续性。与哈布瓦赫"集体记忆"是通过社会交际来维持的观点区别，康纳顿概念中的"社会记忆"则是通过或多或少仪式性的操演来传达和维持的，这同时也为其社会记忆理论研究选择了一个绝佳的切入点——社会如何记忆的问题，他尝试回答社会记忆是如何被接受的，即纪念仪式与身体实践是如何传递"社会记忆"的问题。

康纳顿强调更多的是记忆的惯性，关注的是记忆与身体实践的关系。为了具体说明什么是身体实践以及记忆如何在身体中积淀和积累，康纳顿区分了两种不同类型的社会实践，即体化实践和刻写实践。所谓体化实践，是"一个传达人以他们自己现在的身体举动来传达的信息，只有他们亲身在场参与这个具体活动，才能传达信息"。[3] 体化实践完全依赖于人的身体，无论是通过口腔和声带发出的有意义的声音的行为，还是由肢体语言构成的姿势和动

---

1 [法] 莫里斯·哈布瓦赫. 论集体记忆 [M]. 上海：上海人民出版社，2002:335.
2 [法] 莫里斯·哈布瓦赫. 论集体记忆 [M]. 上海：上海人民出版社，2002:24.
3 [美] 保罗·康纳顿. 社会如何记忆 [M]. 上海：上海人民出版社，2000:91.

作，都必须借助人的身体才能完成。作为体化的身体实践是一种身体的惯性，一旦我们学会并掌握了它，就自然具备了完成一项任务的能力。我们无需再去想如何完成这个动作或技能，它就像嵌入我们身体的技能一样，我们如此自然、娴熟地协调身体的各部位，用身体的一系列和谐动作完成一项任务。这种内化为身体习惯的体化实践，不可否认，它提供了一个极为有效的记忆系统。[1] 他认为，在社会记忆的传递中，身体的社会记忆是保证纪念仪式具有操演性的基础，只有身体实践可以把认知记忆和习惯记忆结合起来。人类在不断的现场操演中进一步强化并保存了这两类社会记忆。

本文所要探讨的，是作为岁时节日这一特定时间内不可或缺、生动而具体的身体实践活动——民间舞蹈——在岁时节日特定的时空状态下如何保存和传递社会记忆的问题。

二、岁时节日中的民间舞蹈

我国的岁时节日是伴随着农业文明而产生和发展的，这些节日大多源于农耕节气（春节元宵）、宗教信仰（中元佛诞）、历史人物及历史事件（端午节）等。节日是一种把生活群体结合起来，共同进入一段特殊精神状态的时机。[2] 多数学者从岁时节日产生的自然时间进程或期间所发生的各种人为活动等特征来描述岁时节日。如黄涛认为，岁时节日是人们在一定的社会生活中统一约定的、在特定时间开展某种风俗活动内容的日子，并且周而复始。[3] 岁时节日的最大的特点就是自然时间进程与社会活动规律相结合，并且都肯定了"人"在岁时节日期间的主导作用。[4] 我国传统岁时节日的发展往往经历了一个历史沉淀的过程，以季节性、地域性、民族性为特点，它折射出某一时间段不同地域不同群体的历史演进、生产生活方式、文化特性、审美旨趣等。

舞蹈活动是岁时节日的重要组成部分，是岁时节日民俗活动中最为生动、精彩的构成，也是用身体述说和延续历史记忆的代表性标识。这样的身体活

---

1 [美]保罗·康纳顿.社会如何记忆[M].上海：上海人民出版社，2000:124.
2 张振涛.岁时节日与仪式音乐[J].音乐艺术（上海音乐学院学报），2003（1）:80-86.
3 黄涛.保护传统节日文化遗产与构建和谐社会[J].中国人民大学学报，2007（1）:45-46.
4 杨大鹏.我国岁时节日文化研究综述[J].长春师范学院学报（自然科学版），2014（2）:101-104.

动为群体社会互动中的情感效应提供了特定的能量场,所有的情感在舞蹈活动中尽情抒发、宣泄和铺陈。纪兰慰根据民俗舞蹈所涉及的岁时节日的内容将岁时节日中的民俗舞蹈分为年节民俗舞蹈、生产性节日民俗舞蹈和文艺性节日民俗舞蹈三大类别。[1]年节是最有代表性的岁时节日,载歌载舞一向是各民族年节仪式中的主要活动和人们抒发情感的主要方式,如土家族过春节跳"摆手舞"、藏族人民藏历年跳"弦子舞"、水族新年跳"铜鼓舞"等等,尽情歌舞、辞旧迎新。生产性民俗舞蹈,主要是指在生产实践中形成的群众性民俗活动和舞蹈。如在农历二月初二,俗称"龙抬头",北方地区流传着"大仓满,小仓流"的民谚,这一天多地都会举行颇具特色的舞龙舞狮活动,以祈求风调雨顺、五谷丰登。文艺性节日多通过赛歌、赛舞及其他竞技活动以欢庆丰收、自我娱乐和进行社会交往。比如蒙古族"那达慕大会"、京族的"哈节"、白族"三月街民族节"等。

岁时节日中的民间舞蹈活动是具有一定形式的、持久的、高度重复的社会行为,社会化功能是其最重要的功能之一。[2]人的社会化过程伴随着文化的传递和延续,有意识或无意识地影响着个体、群体和社会的价值观念、行为方式、习俗传统等。岁时节日是民间舞蹈展演和传承的主要载体,民间舞蹈又反过来以一种身体语言丰富了岁时节日的文化内涵。岁时节日为民间舞蹈的表演者和观赏者提供了精神练习和精神联系的最佳时机,舞者和观众又自觉或不自觉地丰富和传承着岁时节日的历史和文化意蕴。作为一套特殊的习惯,岁时节日中的民间舞蹈是在长期的历史进程中形成的,它将群体的大多数成员带入特定的时空范围内,以舞蹈活动强化了群体的身份认同,彰显了群体的荣誉和自豪感,增强了群体的凝聚力和向心力。总之,岁时节日中的民间舞蹈,这种非语言文字刻写的体化实践,它弥补了文字记载历史的不足,承载和延续着群体的社会记忆,具有极其宝贵的历史和研究价值。

三、体化实践何以承载社会记忆——以山西民间鼓舞为例

山西素有"民间舞蹈之乡"的赞誉,现存民间舞蹈200余种,其中以鼓

---

1 纪兰慰. 论岁时节日民俗舞蹈的时空转换特征 [J]. 贵州民族研究, 2000 (3):116-121.
2 纪兰慰. 论民俗舞蹈的仪式 [J]. 民族艺术研究, 1999 (3):62-68.

类舞蹈最具代表性。它通常以群体表演方式为主，节奏铿锵有力，舞蹈粗犷豪放，充分表现了三晋人民的生产生活状态和自然质朴之美。迎佳节、庆丰收、婚丧嫁娶以及各种民俗活动都离不开它。特别是在岁时节日如正月十五元宵节中，民间鼓舞表演最为集中。山西民间鼓舞既渗透着三晋民族的生活、习性与历史积淀，又体现了三晋艺术的无限魅力。

受不同地域环境、风俗民情、文化背景的影响，三晋地区的鼓舞表现出了不同的风格特点。如晋北地区自古以来就是兵家必争之地，该地区的鼓舞也表现出粗犷豪放、雄浑壮阔的特点。晋南地区凭借优越的自然地理环境以及深厚的原始文化积存，为民间鼓舞的产生和传承提供了良好的发展空间，鼓舞是该地区祈福、祭祖、消灾等仪式中的重要活动。晋中地区经济较为发达，经济的支持使得晋中地区的民间鼓舞更具技巧性和观赏性。山西民间鼓舞既是三晋人民社会生产与生活的重要组成部分，也是民族和区域特色文化的独特表达，它深深影响着群体成员的思维模式和行为方式，连接着三晋民族的过去、现在与未来，是他们最重要的文化符号之一。作为一种物化的社会记忆的典型代表——鼓，源之于雷，是人类受到雷鸣启迪后的集体创造。早在远古时代，鼓就被赋予了一种神秘色彩，击鼓被看做是一种人神对话交流的神圣形式。《易·系辞》中"鼓之舞之以尽神"已表现出鼓作为一种伴奏乐器在原始民间舞蹈中的重要作用。可以说，鼓是三晋地区文化记忆的重要载体。伴随着人类的进化和社会文明的发展，鼓舞相融的独特表演形式存在于人们的劳动、生活、祈神、军事、庆典等各个方面，渗透于各民族的社会生活之中。山西民间鼓舞形式多样、内容丰富，包括"花鼓"、"扇鼓"、"转身鼓"、"花庆鼓"、"穿箱锣鼓"、"迓鼓"等二十多种。[1] 山西民间鼓舞多作为岁时节日民俗活动的压轴节目进行表演。山西民间鼓舞既是无数黄河儿女的精神联系，也是传递集体记忆的精神练习。而身体成为这两个层面的连接点，将对过去的感知复制和记忆。作为体化实践的民间鼓舞，不管是丰富的面部表情，还是娴熟丰富的击鼓动作，或是灵活多变的队形变换，都必须借助身体来完成。一旦学会并掌握了这种技能，就如同形成了一种身体的惯性，表演者即可自然、娴熟地协调身体的各部位，用身体的一系列和谐动作实现鼓、舞、

---

[1] 肖瑞芬.鼓：山西民间舞道具的运用 [J]. 运城学院学报，2011（4）：39-42.

人的融合。正如康纳顿所说,"每个群体都对身体自动化委以他们最急需保持的价值和范畴。"[1] 农耕文明造就的文化深深地影响着黄河儿女,也影响了山西民间鼓舞的传承与发展。山西民间鼓舞以一种体化实践的形态参与到自然社会和人民的生活中,具有重要的文化意义和价值功能。以节奏强烈明快、舞蹈矫健勇猛、场面气势如虹为主要特点的鼓舞活动,体现了三晋人民纯朴、豪放、粗犷的气质,如黄河之水奔腾着涌动在三晋人民的血液中,展示了三晋人民在长期的生产生活实践中的文化记忆。岁时节日中的山西民间鼓舞通常参与人数众多、年龄跨度较大,影响颇为广泛,在这习以为常的身体操演与具体实践当中,人们用身体叙述着闪耀千年的三晋文明,群体记忆不断得到稳固与保存。

身体是唤起记忆的最好载体。一方面,作为体化实践的社会记忆在习得过程中得以传承。当我们能够动作熟练地运用某种技能时,便可以出于本能地用最少的肌肉运动达到效果。通过反复练习,身体开始能协调越来越大范围的肌肉活动,越来越变得自然而然,直到无意识,动作"不由自主地"发生,于是出现了一套从头到尾流畅进行的固定习惯动作。[2] 特定的动作、姿势为我们提供了身体的助记方法,只有通过长期的体化过程才能够达到。而一旦习得,它便深深烙印在我们的身体和记忆中。康纳顿认为只有身体实践可以把认知记忆和习惯记忆结合起来。培养习惯的过程也是我们的身体在"理解"的过程。显然,解释一种传统,才能更好地继承这种传统。对民间鼓舞特有姿势的记忆,是体化实践的一个例子。例如山西晋南地区的万荣花鼓,是当地岁时礼俗仪式的重要组成部分。万荣花鼓表演分为低鼓和高鼓两种形式。低鼓形似腰鼓的背法,击鼓手法通常为右槌击前半拍,左槌击后半拍,右手每次击鼓都配合着身体动作的流畅变化。脚下多为"骑马蹲裆步",舞动中两脚始终不停地左右换动,两胯也随之左右扭动,伴以丰富表情且摇头晃脑。[3] 这些动作组合的意义是有所指性的,并伴随鼓点的节奏为表演活动提供了结构和重点,增强了喜庆与活泼的情感体验。岁时节日民间鼓舞跨越了数千年的历史文化,在人民群众的口传心授下不断传衍、发展。在上世纪80年代,

---

1 [美] 保罗·康纳顿. 社会如何记忆 [M]. 上海:上海人民出版社,2000:125.
2 [美] 保罗·康纳顿. 社会如何记忆 [M]. 上海:上海人民出版社,2000:115.
3 杨云. 试论万荣花鼓的文化特征与审美旨趣 [J]. 北京舞蹈学院学报,2008(1):55-62.

万荣可谓"村村皆有花鼓队，巷巷都有花鼓手"。他们的体态身姿、花鼓技艺在和那些习惯和擅长于花鼓表演的人共同生活中耳濡目染习得。这种习惯的行为方式自然而然地内化在他们的身体内，以至于他们甚至在无意识当中操演了这项技能，实现了身体的协调运动。可以说，对花鼓技艺的习得和操演，"既取决于群体成员的习惯记忆，也无声地让他们回忆起对这个社群的忠诚"。[1]另一方面，作为体化实践的社会记忆在操演过程中得以保持。正如康纳顿在《社会如何记忆》中强调，纪念仪式、习惯操演和身体实践是社会记忆得以保持和传承的关键。在纪念仪式中，我们的身体以自己的风格重演过去形象；也可以借助继续表演某些技艺动作的能力，完全有效地保存过去。[2]在他看来，操演语言可以是人的各种行为以及身体的各种姿势、手势、动作或各种技能。而体化实践的特别记忆效果不会独立于操演而"客观地"存在。每年的正月十五元宵节前后，三晋地区各县市、村镇都要张灯结彩闹"红火"，鼓声喧天，热闹非凡。如被称为"华夏第一鼓"的山西威风锣鼓，震天撼地、气势如虹地将节日庆典推向高潮。威风锣鼓表演人数众多且一般均为男性，声势浩大、波澜壮阔，表演者跨开双腿，挺起胸膛，手、眼、身、步、头协调配合，击鼓时身体动作粗犷豪放，展现出三晋人民开拓蛮荒、创造文明的雄浑力量。威风锣鼓表演者的节奏、动作、姿势、表情、衣着等的外部表现，成为不屈不挠、敢于担当的三晋精神的内部写照，将三晋人民的民族精神和性格特点，借助一种特殊的身体形式得以传递和保持。当然，固定的时空范围为社会记忆的传递和延续提供了现场情境的同时，也使社会记忆的传承受到了一定限制。而作为刻写实践的以影像资料形式留存的舞蹈表演却可以在一定程度上使得社会记忆获得更大时空范围内的稳定性和影响力。尽管刻写实践极大地提高了社会记忆传递的效率，但归根结底，这种刻写实践也是一种被体化为视觉习惯的身体实践。

四、结语

马克思主义哲学认为，全部社会生活在本质上是实践的。人类的实践能

---

1 [美]保罗·康纳顿. 社会如何记忆[M]. 上海：上海人民出版社，2000:101.
2 [美]保罗·康纳顿. 社会如何记忆[M]. 上海：上海人民出版社，2000:90.

力借助身体得以实现,身体操演反过来又一次次构建和强化了人类的身体实践,形成人类的习惯记忆,人类的社会记忆正是在不断的构成与建构中得以存续和发展。作为体化实践的社会记忆,本文中所论及的岁时节日中民间舞蹈是用身体述说和延续历史记忆的代表性标识。作为某一特定时间内不可或缺、生动而具体的身体实践活动,岁时节日民间舞蹈的意义不仅限于表演、传承和纪念,更在于它或多或少地沉淀着群体的社会记忆。正确地理解过去,有助于我们更好地把握将来。从社会记忆的角度来看待作为体化实践的民间舞蹈,将有助于我们找回社会发展过程中人的本我和价值,从中汲取力量,理解历史必然性和规律性,把握历史演进和民族文化传承的内在机制。岁时节日中的山西民间鼓舞是体化实践传承社会记忆的一个示例,这种鼓、舞、人相互配合、融为一体的体化实践,通过声音、节奏、动作和表情,蕴含着浓郁的历史民俗和深厚的黄河文化。撼天动地的鼓点打出了铿锵有力的节奏,强壮有力的体魄舞出了不屈不挠的精神,振奋人心的鼓舞召唤起华夏民族的历史记忆。岁时节日中的民间鼓舞,不仅缩短了历史距离感,似乎把在场者带到了那奔腾流淌的黄河古道,更重要的是,这种生动的体化实践,以黄土为根黄河为源,将族群的记忆深深的刻录在身体里。正是社会记忆对人类历史地积累起来的实践能力(尤其是身体实践)的保存和传递,才有了传统的延续、文化的传承和社会的进步。而在一个社会中,社会记忆不断地被集体创造、修正与遗忘。由此,将社会现实深置于社会记忆的土壤之中,积极合理地搜寻和建构社会记忆尤其重要。

参考文献

[1] [德]哈拉尔德·韦尔策. 社会记忆:历史、回忆、传承[M]. 北京:北京大学出版社,2007:3.
[2] [法]莫里斯·哈布瓦赫. 论集体记忆[M]. 上海:上海人民出版社,2002年:24,335.
[3] [美]保罗·康纳顿. 社会如何记忆[M]. 上海:上海人民出版社,2000:90,91,101,115,124,125.
[4] 刘乃天. 山西民间鼓乐舞研究[D]. 山西大学,2013.
[5] 彭恒礼. 论壮族的族群记忆——体化实践与刻写实践[J]. 广西民族研究,2006(2):87-96.

[6] 孙德忠．马克思社会记忆思想探论[J]．江西社会科学，2006（5）：39-47．
[7] 张振涛．岁时节日与仪式音乐[J]．音乐艺术（上海音乐学院学报），2003（1）：80-86．
[8] 黄涛．保护传统节日文化遗产与构建和谐社会[J]．中国人民大学学报，2007（1）：45-46．
[9] 杨大鹏．我国岁时节日文化研究综述[J]．长春师范学院学报（自然科学版），2014（2）：101-104．
[10] 纪兰慰．论岁时节日民俗舞蹈的时空转换特征[J]．贵州民族研究，2000（3）：116-121．
[11] 纪兰慰．论民俗舞蹈的仪式[J]．民族艺术研究，1999（3）：62-68．
[12] 肖瑞芬．鼓：山西民间舞道具的运用[J]．运城学院学报，2011（4）：39-42．
[13] 杨云．试论万荣花鼓的文化特征与审美旨趣[J]．北京舞蹈学院学报，2008（1）：55-62．
[14] 赵勇．三晋文化视域下的山西民间舞蹈形态探略[J]．太原大学学报，2014（15）：95-96．
[15] 李波．社会记忆下的少数民族传统文化传承载体探析[J]．贵州大学学报（社会科学版），2013（3）：84-92．
[16] 黄凌飞，董宸．拉祜族葫芦笙舞身—声—意"体化实践"的人类学阐释[J]．云南艺术学院学报学报，2012（2）：76-80．

节日文化空间视域下民间舞蹈的传承与保护

孔令平

摘要

我国的节日除了传统意义上的六大节日以外，还有很多少数民族的节日，譬如彝族的火把节、傣族的泼水节、白族的三月街、纳西族的三朵节、瑶族的盘王节、苗族的姊妹节、哈尼族的苦扎扎节、傈僳族的刀杆节、佤族的拉木鼓等等。节日是一个民族或国家在浩瀚的历史长河中创造出来的民俗文化，而舞蹈是节日民俗文化中不可或缺的组成部分，舞蹈的出现，将节日的欢乐气氛推向了高潮，甚至是节日狂欢的代名词。事实上，节日与舞蹈是分不开的，保护好节日民俗文化空间，节日中的民间舞蹈也就得到了保护。因此，在节日文化空间中去保护民族民间舞蹈是一项非常有价值的命题，即民间舞蹈应保存在它特有的民俗文化环境中。民间舞蹈的传承与保护使得我国的多民族文化在世界文化的舞台上绽放光彩，舞蹈是民族的，同样也是世界的。

关键词

节日文化空间　民间舞蹈　传承　保护

孔令平，中国艺术研究院硕士研究生。

对于节日的定义，目前没有一个统一的标准，但是纵观我国的传统节日来源，不外乎与原始崇拜、宗教、祭祀等有关，如春节、中元节、浴佛节、盘王节。舞蹈的起源更是与图腾崇拜有着密切的联系，汉族的龙舞，鄂伦春族的熊舞，壮族的蚂蚂舞等等。由此可见，节日与舞蹈有着天然的联系，在节日民俗文化空间下来看民间舞蹈，实际二者之间是有着从属关系的，民俗是民间舞蹈依存的土壤，传统的年节庆典等民俗活动，为传统民间舞蹈提供了广阔的传承空间，为民间舞蹈的表演内容提供了特定的社会文化背景，民间舞蹈在民俗活动中产生、传承和发展[1]。传统节日是民间舞蹈生存的空间，反过来，民间舞蹈对传统节日又有着支撑作用[2]。民间歌舞是民俗节庆活动的核心部分，它们以鲜明的民族地域形象和热烈的集体参与与气氛吸引着本土与外来的观者，使民俗事项有广泛的群众基础；同时，民间歌舞也因有了节庆的坐标，以固定地点为其活动和发展的特定时空，才得以代代相传。可以说，众多民族传统节日中，民间歌舞是其主导和主要内容，没有歌舞，也就没有其节庆，当然没有其节日，歌舞也就缺少了依托[3]。单独的从民间舞蹈的传承和保护来看，保护好传统节日是继承和保护民间舞蹈的重要手段，当我们提及整体性保护和生态性保护，那么传统节日文化空间的挖掘与保护显得极为重要，民间舞蹈应保护在它所属的文化空间内，进而保持它的原生性、整体性、独特性。随着全球化的进程加速，传统节日和民间舞蹈不断的遭受外来强势文化的冲撞，民间舞蹈正在面临着失去它赖以生存空间的困境，如何保护和传承我们的传统节日和民间舞蹈是值得我们深思的。

一、节日文化空间初探

节日文化空间内包含的门类众多，不仅包含诸如仪式、礼仪等活动，也包含了舞蹈、音乐、戏曲等艺术形式。节日文化空间的形成与它所包揽的内容是分不开的，一个成熟的节日文化场域是在漫长的人文习俗聚攒而来的，由一系列的人为事项、场地设施、活动用品、仪式程序组成的时空交叉

---

1 马胜德.民俗是民间舞蹈依存的土壤[N].中国文化报，2009-4-10（3）.
2 马胜德.民俗是民间舞蹈依存的土壤[N].中国文化报，2009-4-10（3）.
3 阎江.民俗时空的营造与广场民间歌舞的发展[J].兰州学刊（社会学研究）.2006（11）.

点。联合国教科文组织《保护非物质文化遗产公约》中"文化空间",被认定为非物质文化遗产的重要组成部分。它是一个集中了民间和传统文化活动的地方,但也被确定为一般以某一周期、季节等或是一事件为特点的一段时间,这段时间和这一地点取决于按传统方式进行的文化活动[1]。我们可以理解为"文化空间"是在特定的时间内进行特定的文化活动的场所,这个定义对于研究节日文化空间是最合适不过了。既然节日文化空间兼具时空性,那么去探索在特定的时空下的文化活动是十分必要的。节日文化活动的开展离不开活动主体——人的参与。当然,一个活动的开展,不仅要有主办人,还要有参与人,但是节日文化活动更多的是自发的,是全民参与的。节日活动不应与商业活动相提并论,它是完全取决于民众的节日向往。对于保护节日文化空间的把握,我们需要深入的探讨。

节日文化空间的保护对于保护节日文化活动具有重要的意义,那么从哪几个方面去谈,是我们亟待探讨的。

1. 为节日文化活动提供了必要的时间

规范节假日放假制度,为节日文化活动提供必要的时空条件。目前,我们知道中国传统节日中春节、端午节、中秋节、重阳节全国放假1-3天,当然少数民族的节日也有当地的节日放假制度,例如广西壮族的三月三放假两天,云南彝族的火把节放假两天,新疆维吾尔族的古尔邦节放假三天。具有周期性的放假制度为节日文化活动提供了时间的保证。

2. 节日民俗整体性保护的重中之重

节日文化空间的建构对于节日民俗整体性保护来说,是非常重要的。节日文化空间涵盖了节日民俗活动的方方面面,不仅包括音乐、舞蹈、戏曲等表演艺术,同时它也是一个空间和时间的集结点。保护非物质文化遗产的整体性原则,不仅是就空间向度而言,也表现在时间的向度上[2]。节日民俗的整体性保护体现在空间和时间的双重向度上,空间是静态的,时间是活态的,静态的空间保持和活态的时间的再重现是节日文化空间建构的关键所在。保

---

1 冯骥才. 中国民间文化遗产抢救工程普查手册 [M]. 北京: 高等教育出版社, 2003: 219.
2 刘魁立. 非物质文化遗产及其保护的整体性原则 [J]. 广西师范学院学报, 2004 (4).

持节日民俗的文化场所的原型和重现节日民俗活动的原貌是节日民俗整体性保护的重中之重。

3. 保持节日文化空间的本来面貌

节日文化活动是依靠节日文化空间存活下来的，节日文化空间不仅包含了时间，而且有物质层面的空间形态，它是比较具体的、有形的、现存的，小到一间庙宇，大到一座城市。随着经济的快速发展，"文化搭台，经济唱戏"较为严重，很多节日文化空间成了旅游开发的"重灾区"，为了追求节日文化空间单一的经济价值，而忽略了它的文化价值，导致节日文化空间遭到了不同程度的破坏，最后节日文化空间就成了商业化比较浓厚的"旅游胜地"，也就失去了节日安身立命的生存空间了。遗产保护的问题或许可以简化为保持本真性的问题。保护，是通过自觉的努力让遗产项目尽可能保持原有的属性，最起码的要求是，使该项目避免丧失基本的本来面目，因为丧失最基本的属性，该项目就不再是它自身[1]。因此，我们应该保持节日文化空间的原真性，在追求经济效益的同时，必须先保护好节日文化空间的本来面貌，形成"经济搭台，文化唱戏"的良性局面。

4. 深挖节日文化空间的主题性意识

民俗节日是中华民族的优秀文化遗产，其包含的民俗节日活动非常丰富。深挖节日内在的主题性价值对于节日文化空间的保护具有重要的意义，每个民俗节日的主题和形式不尽相同，有的是以选对象、谈恋爱为主题的，例如苗族的"姊妹节"；有的是以祈求人畜兴旺、风调雨顺为目的的，例如壮族的"蚂蜗节"；有的是为了展示服饰、选美比美的，例如彝族的"赛装节"，还有的是以欢聚歌舞、万人狂欢为主要形式的，例如景颇族的"目瑙纵歌"。民俗节日的主题体现出了节日内在的文化价值，同时也是节日的精神内涵，它强烈的反映了一个民族的愿望、习俗、特质和凝聚力。节日的主题性是一个节日的所有活动所围绕的核心，我们应该围绕节日的主题去塑造一个有内容、有价值、有意义的节日文化空间。

---

[1] 刘魁立. 非物质文化遗产的共享本真性与人类文化多样性发展 [J]. 民俗与非物质文化遗产, 2010(3).

二、节日民间舞蹈的生存状况

节日民俗文化空间是民间舞蹈生存的"温床",民间舞蹈同时又是节日民俗不可或缺的活动内容。近些年来,随着许多节日民俗不断地被重视,民间舞蹈也正在逐渐的恢复,目前对于节日民间舞蹈的调查研究直接关系到民间舞蹈在节日中的生存状况,对进一步对与节日民间舞蹈的保护与研究起到了积极的作用。

早在30年前,由中华人民共和国文化部、国家民族事务委员会、中国舞蹈家协会主办,全国艺术科学规划领导小组组织编纂出版的大型民族民间舞蹈文献——《中国民族民间舞蹈集成》,它是中国民族民间舞蹈艺术有史以来的第一部总集。《中国民族民间舞蹈集成》力求准确、科学、全面地记录各民族、各地区的民间舞蹈。不仅记录动作、音乐等,还包括每个舞蹈相应的风俗习惯和宗教仪式活动。其中每个民间舞蹈都有它所专属的民间习俗。统计显示,《舞蹈集成》中信仰习俗舞蹈有438项,节日舞蹈有799项,人生礼仪舞蹈有107项,生产生活舞蹈有585项。其中节日舞蹈的数目最大。(实际上,在对传统舞蹈按民俗分类时,有的民间舞蹈在各种民俗当中都有体现,我们把侧重于某一种民俗的民间舞蹈归为这一种民间习俗,例如山东省汉族的《胶东秧歌》在节日和生活当中都有体现,但主要是在节日当中跳,所以我们把它统计为节日舞蹈;有的传统舞蹈在两种或两种以上的社会实践当中处于同样的位置,我们把它统计在这些民间习俗中,例如浙江省汉族传统舞蹈《调判官》既属于信仰仪式舞蹈也属于生活舞蹈。)

随着全球化的日益加快,占据统计数据中比例最大的传统节日正面临着西方节日的冲击,中国传统节日的传承与发展面临着巨大挑战,传统节日一旦消亡,那么节日当中的舞蹈也就随之消失了。目前,节日舞蹈正面临着消亡的危险,例如贵州的各民族的传统节日总和是全国最多的,据粗略统计贵州各民族传统节日共计1000多项,比较有代表性的有苗族的苗年、姊妹节、吃新节;布依族的三月三、六月六;彝族的彝年、赛马节、壮族的蚂蚓节;瑶族的盘王节等等,每个少数民族节日又包含了具有代表性的传统舞蹈,苗族的木鼓舞;布依族的回旋舞;彝族和瑶族的铜鼓舞。最近调查显示,贵州的有些少数民族节日已经不再有任何活动了,被取而代之的是外来节日,现在的贵州民族节日已经不足 1000 项了，随之而来的是节日中的传统舞蹈也慢慢地退减。因此，对于节日文化空间下民间舞蹈的保护刻不容缓。

三、民间舞蹈在节日民俗文化空间中的传承与保护

舞蹈是一种文化现象，民间舞蹈寓于民俗文化之中。民间舞蹈是民俗文化整体中有形传承的重要体现；民间风俗又为民间舞蹈增添了浓郁的民族文化色彩并提供了内容、气氛以及广阔的传承和发展空间。看一个舞蹈，了解一个民族。民族文化像一个纽带，将舞蹈艺术与民间风俗紧紧地联系在一起，使舞蹈艺术与民俗文化互相渗透，互为依托，相辅相成，相得益彰[1]。在节日民俗当中去看民间舞蹈的传承与保护，很显然，它是和节日民俗文化不可分割的。民间舞蹈在节日民俗文化空间中传承与保护的几点把握：

1. 节日文化空间里民间舞蹈的独特性认识

民间舞蹈，历史悠久、形式多样、种类繁多。每个民族都有自己独具特色的舞蹈。甚至一个民族因聚居的区域不同，其具有的节日民俗特色也不尽相同。许多民族的节日舞蹈不仅有整体性、综合性，而且通过节日习俗使它们规范化、仪式化，并使其具有节日文化空间下的独特性。从节日民俗看民间舞蹈，我们不仅可以看到一本完整的舞蹈艺术史，也可以窥见一部独特的节日舞蹈文化史。正是这种节日文化空间内涵的支撑，使我们对于节日民间舞蹈的独特性有更深入的认识。

节日民间舞蹈文化内涵的性格特征，其实是建立在多种文化空间形态构成的民族文化总体价值层面上的，其个性的舞蹈节日文化空间内涵非常的突出。例如壮族蚂蚜节中的蚂蚜舞具有鲜明的独特性。青蛙崇拜是壮族的民间信仰，壮族是一个以稻作为主要生产方式的民族。在长期的稻作生产中壮族人民对水稻与水、水与雷、青蛙与水稻、青蛙与生殖等自然现象有了自己的认识，把青蛙与族群的生产、生存、繁衍联系在一起，形成了独特的青蛙崇拜观念。壮族以其独特的信仰习俗影响了他们对于舞蹈表现的固定模式。壮

---

1 陈林宜. 民间舞蹈与民俗文化 [J]. 沈阳农业大学学报 .2003（1）.

族的蚂蜐节的舞蹈从古越传统文化基础上发展而来的，保留了较多的越文化特点，蚂蜐舞以群体性为主，有反映先民的祭祀仪式，也有动物模拟和表现农业、家庭副业劳动的，带有较强的图腾崇拜和模拟、再现生产生活的舞蹈特性，壮族的蚂蜐节舞蹈具有其节日文化空间的独特性。千姿百态的节日民间舞蹈涵盖有从原始舞蹈雏形至生产、劳作、习俗、祭祀等多种多样的舞蹈形态，它们以鲜明的节日文化空间而独特的展现在世人面前。

2. 节日文化空间为民间舞蹈的生态性保护提供了可能

舞蹈的创造者是人，人又是"物化"了的舞蹈创造品。这门无物可假，既古老又充满青春活力的艺术，以其自身的特质决定了她与人类——生存环境——的关系格外密切。它紧随着人类进化而传衍、发展，留下那千姿百态的斑斑绰影，正是人类发展历程中，与其生存环境相互影响、相互作用的某种呈现方式[1]。生态环境对于舞蹈会产生很大的影响，很多民族所表现的文化特征，就是生态环境影响的结果，当然，民间舞蹈也不例外。一种民间文化遗产是连同其周围环境一同存在的，保护不仅是保护其本身，还要保护其周围的整体环境，这样才能体现出历史的风貌[2]。节日文化空间实际上就是民间舞蹈的生态环境，民间舞蹈依托于节日文化空间传承。以汉族的民间舞蹈"龙舞"为例，龙舞是一个节日舞蹈，舞龙在古时是在一年中的大型节日里面的节目之一，早在汉代就有杂记记载舞龙的场面：为了祈雨，人们穿着各种彩色衣服舞起彩龙，渐渐的舞龙就成了人们表达诉求、庆祝丰年的主要形式，尤其在喜庆的节日里，人们会舞起长龙，欢度节日。龙舞能够世代延续，它与人们对于美好愿望的诉求是分不开的，人们在长期生产力较低的社会环境中，通过节日文化空间中的舞龙活动寄予愿望，然后等待愿望实现的这一美好形式。如果节日文化空间不存在了，人们也不通过舞龙这一节日活动来表达夙愿了，或者是没有人再参与到舞龙这一节日活动上来，那么龙舞依赖的生态环境也就不存在了，最后的结果也就面临着消亡的危险。所以，我们应该通过节日文化空间为民间舞蹈提供一个良好的生态环境，使民间舞蹈能够世代传承。

---

1 资华筠. 关于《舞蹈生态学》[J]. 南方文坛, 1997.
2 单燕群. 试论民间艺术的生态性保护——以山东高密聂家庄泥塑为例[D]. 学位论文. 2010, 5.

3. 节日文化空间是民间舞蹈活态传承的保障

所谓民间舞蹈的活态传承，实际上是将某个民间舞蹈成为它所属的民族、地区文化生活空间中的一部分。活态传承是民间舞蹈的传承特性，它不仅需要传承民间舞蹈的文化形态，而且必须是活着的艺人正在传承的。民间舞蹈传承人指的是某个团体或个人能够熟练掌握某个民间舞蹈项目，并能积极的带徒授艺使活态的民间舞蹈继承下来，民间舞蹈传承人不单单指的是个人，也包括团体和组织。非物质文化遗产最大的特点就是必须依托人的存在，通过语言和动作等行为而得以延续，是靠人的活动传承下来的，如果从事非物质文化遗产的人越来越少，那么非物质文化遗产就可能失传，所以说，活态传承最重要的是对传承人的保护[1]。既然传承人对于民间舞蹈的活态传承非常重要，那么传承人在传承民间舞蹈的文化空间就显得尤为重要，节日文化空间是民间舞蹈传承和弘扬的有力保障。在节日文化空间里，民间舞蹈拥有属于自己观众群体和文化氛围，或者说有一定的"市场需求"，节日文化空间为民间舞蹈提供了展现舞台。随着节日文化空间的不断演变，民间舞蹈所表演的内容以及表演的规模也会随之丰富起来，这实际上为民间舞蹈的活态传承提供了可能。可见，节日文化空间是有时间意义的，不是一成不变的，这就要求民间舞蹈的传承人在传承民间舞蹈时必须要有时空观念，这种时空观念不是要放弃质的东西，而是丰富它的形式和内容，保证民间舞蹈活态的传承下来。

四、结语

文化生态是民族文化生存的基本条件，一旦发生变化，该文化就会发生相应变异甚至消解[2]。节日民俗作为一种文化生态现象，对于民间舞蹈的影响非常深远。在节日文化空间这一特定的环境中，综合了节日文化所需的一切内容，影响着民间舞蹈的传承、发展的方方面面。因此，节日文化空间下对于民间舞蹈的原真性保护，整体性保护，活态性保护具有重要的意义。随着节日与舞蹈的研究逐渐深入，对于民间舞蹈的保护与传承也开辟了一条新的

---

[1] 王文章. 非物质文化遗产概论 [M]. 北京：文化艺术出版社，2006.
[2] 段超. 再论民族文化生态的保护和建设 [J]. 中南民族大学学报（人文社会科学版）.2005，（4）

路径。面对全球化的进程日益加速,不断的外来节日充斥着我们的本土节日,在这种文化大融合的条件下,我们应当如何去保护好自己的传统节日的主流地位以及在节日文化空间里的民间舞蹈,是我们当下亟需探讨的问题。

魁阁节日观察

节日研究
Festival Studies

编者按：

节日作为某一群体文化集体意识的社会性表达，在不同的民族和文化中有其重要的意义和属性。多数关于节日的研究关注节日的仪式过程、信仰表达以及其内在的解释。然而，在关注其内涵研究的同时我们也应注意到节日所包含的一种边界性表达。节日与边界的观察对我们研究这种群性文化的社会实践提供了深刻的洞察力。巴特认为边界是人们交往互动的结果，透过边界的社会实践看到的恰是群体的融合、区分与互动中的"互为主体性"认知。节日的边界实践提供了一种动态地观察社会、文化的视角。本专栏的三篇文章即是从节日——边界这样一种视角出发，三篇文章都是基于田野考察完成。贺佳乐的文章探讨节日与国家的边界，通过边境线上瑶族盘王节的实践理解一种双重自我与他性的界定。杨漪的文章关注节日与民族的边界，通过螺蛳寨段氏哈尼族"麻批麻普"的自我族属界定与节日流变探讨节日与民族\族群的边界。李建明的文章以贵州水族霞节的当代再造来讨论节日与家族的边界实践。三篇文章从节日与国家、节日与民族、节日与家族的视角探讨了社会生活实践中的节日与边界关系，对于研究和探讨节日提供了新的思考和民族志材料。

国境线上的盘王节：勐腊县磨憨镇新明瑶村的边界实践

贺佳乐

摘要

在国家政治地理边界产生之前，并不存在跨境民族一说，他们的迁移也不受国家的控制。国家政治地理边界产生之后，国与国之间变成了一条国土、国民、权力的分割线，将邻国、人民以及其经济社会、政治、文化生活的区域隔离开来，从而形成了跨境民族。但由于地缘、血缘、姻缘等现实原因和历史、文化、宗教等集体记忆的因素，凭一条人为的政治地理边界线不能阻隔这种跨境之间的交流。边境地区的节日作为传统文化的载体，也作为一种节日在边境的实践，不仅可以反映出跨境民族的共同记忆与传统习俗，也能够看到节日具有超越国界的属性。本文通过云南省西双版纳州勐腊县磨憨镇瑶族盘王节在边境的实践，来表述节日是如何超越国界的。其背后不仅隐含着瑶族边民自我与他者的双重认同体系，同时也隐含着瑶族边民充满智慧的生活策略及其积极的生活态度。

关键词

瑶族　盘王节　国家边界　边界实践

贺佳乐，云南民族大学硕士研究生。

瑶族是一个历史文化悠久的跨境民族，据2000年统计，全世界的瑶族有320多万人，其中分布在中国约有262万余人，有60多万分布在越南、老挝、泰国、缅甸、美国、加拿大、法国等国家[1]。中国是瑶族的族源地，早在五六千年以前，瑶族先民就已经在黄河、长江中下游地区生产生活。由于刀耕火种的生产生活方式，瑶族世代"逐山而居"，成为不断迁徙的民族，也因此在世界上素有"东方的吉普赛人"之称。瑶族先民由于各种因素不断迁徙，其中大部分还在中国境内，至今分布于湖南、广东、广西、江西、贵州、云南等省份；其余的瑶民一部分于明清之际从广西、云南迁入越南、老挝、泰国、缅甸等东南亚国家；还有一部分于第二次印度支那战争（1954-1975）后作为难民，被联合国难民署以难民身份安置至欧美各国。

在不断迁徙的过程中，虽然有一些传统的文化随着自然环境和社会环境的变化而发生改变，但无论是居住在中国的瑶族还是其他国家的瑶族，他们都因类似的起源传说、民族语言等存在一定的认同感。盘王节是瑶族对其祖源记忆及英雄崇拜的集体性表达，是传承民族文化、弘扬民族精神的盛典，也是首批列入国家级非物质文化遗产名录的文化瑰宝，主要流传在瑶族的盘瑶支系中，约占整个瑶族人口的三分之二。该节日被"过山瑶"支系称作"还盘王愿"，被"山子瑶"支系称作"跳盘王"，被"平地瑶"支系称作"踏歌堂"。瑶人祭祀盘王的历史久远，宋人范成大在《桂海虞衡志》中有记载，瑶族"岁首祭盘瓠，杂糅鱼肉酒饭于木槽，扣槽群号为礼。十月朔日，各以聚落祭都贝大王。男女各成列。联袂相携而舞，谓之'踏瑶'。"实际上，由于瑶族是一个多支系的民族，各地过盘王节的时间并不一致，大致是在秋收后至春节前的农闲时间举行。1984年8月来自全国各地瑶族代表一致赞成以"勉"族系的祭祀节日"跳盘王"为基础，加以发展成为盘王节，并将节日定为每年的农历十月十六日（盘王诞生日）举行[2]。此后，瑶族的盘王节有了固定的日期。

实际上在国家实体边界划定之前并没有"跨境民族"一说，因为人类的文明并不是一开始就有现代意义的国家，而是以若干文明体构成的。在不同的文明体之间存在着广袤的地区，这里荒无人烟，距离文明体中心甚

---

1 秦红增，玉时阶. 南岭走廊与瑶族研究——人类学学者访谈录之五十七[J]. 广西民族大学学报（哲学社会科学版），2010，32（6）.

2 参见赵胜男. 盘王节：一个亘古不变的旷世传说[J]. 节日研究，2013（1）.

远,并且与中心并没有太多的联系,这些就是文明体的边疆地区。这些地区成为若干文明体之间交流与互动的障碍,同时也是中心王权所不能顾及的地方。在这样的背景中,民族的迁徙并不受国家的控制,也没有跨境一说。而随着现代国家的形成,文明体之间边疆变成了清晰而又明确的政治地理分界线,成为了一条国土、国民、权力的分割线,将邻国、人民以及其经济社会、政治、文化生活的区域隔离开来。这种政治地理边界的明晰,成为了跨境民族形成的起源。具有政治权力的地理边界线人为地将一些原本为同一族群的群体分割,形成了从属于不同国家的公民,甚至有了不同的称呼,便形成了跨境民族。但是因为地缘、血缘、姻缘等现实原因和历史、文化、宗教等集体记忆的因素,政治地理边界线不能阻隔这种跨境群体之间的交流。对于居住在边境地区既有地缘优势又有文化上的认同的民族来说,跨越边境的互动不过是日常生活的一部分而已,这种互动可以称之为"边界实践"。盘王节作为瑶族边民在边境地区的一种实践,既是边境瑶民传统文化延续的载体,同时也可以看到其背后承载的文化内涵。通过瑶族盘王节在边境的实践,可以看到节日是超越族群与国家边界的。而其背后不仅隐含着瑶族边民自我与他者的双重认同体系,同时也隐含着瑶族边民充满智慧的生活策略及其积极的生活态度。

一、勐腊县磨憨镇瑶族盘王节

勐腊县磨憨经济开发区位于云南省最南端,隶属西双版纳傣族自治州,与老挝接壤,国境线长174公里。下辖1个磨憨镇、6个村委会、66个村民小组和2个社区,截止2013年底,共有20042人,少数民族16171人,其中傣族5978人、哈尼族4287人、苗族2111人、瑶族1193人、拉祜族861人、布朗族837人、彝族722人、基诺族13人、回族6人、佤族15人、壮族15人、景颇族1人。磨憨的瑶族人口分布并不集中,其中以瑶族人口为主的村寨有:磨憨村委会的新明村小组、回金立村小组,磨龙村委会的青松村小组,龙门村委会的金龙村小组、平河村小组,叭卡亮村小组和草果队,一共七个寨子。本地的瑶族自称"尤勉",官方称之为"顶板瑶"。

该地区的盘王节举办为每年的农历十月十六日,一般提前一至两个月,由这七个村小组的负责人聚在一起商议由哪个或哪几个寨子负责举办盘王节。盘王节的举办权是根据寨子的意愿以及寨子整体的能力来确定的，因而举办权的循环并没有一定的顺序。商议确定之后，负责主办节日的寨子负责人便开始策划及书写项目书上报镇政府，政府会依据当年情况酌情给予一定的经费补助，同时也会依据具体情况修改方案及举办规模。经过一段时间的等待，在政府资助下拨到村寨之后，负责举办盘王节的寨子便开始了节日之前的准备，包括商议分工情况、邀请哪些人参加、组织排练节目、筹备盘王节需要的物资等事项。

2013年西双版纳州勐腊县磨憨镇第二十八届盘王节，是由磨憨村委会新明村小组主办的，在盘王节之前的两个星期，寨子里但凡会刺绣织线的妇女一空闲下来，就三五成群地坐在一起用彩线织五彩小葫芦来作为盘王节当天的礼物。除了准备礼物之外，还要布置场地、购买物资以及邀请嘉宾等。盘王节当天，负责后勤的村民聚在一起开始杀猪、杀牛、淘米、洗菜为中午的会餐做准备。负责场地布置的村民则早早地把场地安排好等待宾客们的到来。吃过早饭，来自不同地方的人纷纷聚集在新明村公房旁边的篮球场等待着庆典的开始，通过他们的服饰可以看出，有瑶族、哈尼族、傣族、苗族、汉族等。上午9点钟，盘王节正式开始，先由一个懂得瑶族传统文化的老人来讲述盘王节的来历，接着由村民小组长介绍寨子的基本情况，接下来邀请当天在场的地位最高的领导上台讲话，之后便开始了盘王节的文艺汇演。文艺汇演的内容包括瑶族、傣族、哈尼族、苗族等的民族歌舞表演。汇演结束之后，便开始中午的会餐，来自不同地区、不同国家（主要指老挝）以及不同民族的人们坐在一起共享美食，同时也相互交流增进彼此的感情。之后一部分人则会陆续离开返程，到晚上，留下来的人则点起篝火进行对歌，直至深夜才慢慢散去。值得注意的是，据当界负责人介绍说，盘王节当天邀请了当地政府官员、边防武警、企业老板以及附近村寨的傣族、哈尼族、苗族等群体，另外也邀请了老挝勐省寨和回朗寨（隶属老挝琅南塔省）的瑶族代表一同参与盘王节。但并不会邀请临近的马二寨[1]的村民来参加。

---

1 马二寨是老挝的一个爱尼族村寨，与新明村比邻，仅有不到9公里的距离，在笔者参与的几次婚礼、上新房以及新明村过年的"杀猪饭"过程中都有老挝马二寨的爱尼族参与，并且在新民村有一部分村民与该村寨有"干亲"关系。在盘王节中，新明村附近的傣族、哈尼族、苗族等村寨是被邀请的，而比邻的老挝的马二寨爱尼族在盘王节中是不被邀请的。

与一般传统的盘王节不同，西双版纳州勐腊县磨憨镇的盘王节呈现出几个特征，首先，参与盘王节的不仅仅是瑶族人，也邀请了国境内除瑶族之外的其他民族。其次，境外瑶族被邀参加，而境外其他民族不被邀请。第三，在形式上简化了传统盘王节复杂的仪式，庆典没有祭祀仪式只是简单的叙述盘王节的来历。第四，其他民族的人同样会在台上表演与瑶族共同庆祝他们的盘王节。虽然该地区的盘王节在仪式上看起来似乎并没有太多的特点，也没有传统瑶族盘王节那样的具有传统文化的特色。但是正是由于这种看似没有传统盘王节踪迹的节日庆典，其背后蕴涵着诸多的内容。

二、盘王节在边境的实践

1. 超越国家边界的节日庆典

正如前面所述，在国家政治地理边界产生之前，并不存在所谓的跨境民族，同样也无所谓超越国家边界一说。然而自国家边界划定之后，不同的国家划定了自身的领土范围以及人的归属，同时也分割了一些原本为整体的族群。瑶民在这样的历史进程中从原本并不受国家控制的族群，慢慢地被国家边疆化，成为了居住在边境的公民。生活在国境线两侧的瑶民在日常的交往中，他们被称为中国人或老挝人，分属不同的国家，生活在不同的区域。在跨越国家边界时，他们需要手持边民证分别经过中国和老挝的边防检查站接受检查，检查通过之后才算是合法进入，其身上都被贴上了国家的标签。然而在磨憨第二十八届盘王节的节日庆典中，不仅有中国的瑶族，而且还有老挝瑶族。实际上，负责策划的赵姐告诉我，今年将要举行的第三十届盘王节，原本还计划邀请泰国、美国和越南的瑶族亲朋来参加，之后因预算超支而放弃。不管最后这些不同国家的瑶民是否到中国参加盘王节，在节日的时候会主动邀请国外瑶民这一行为，就恰恰说明了盘王节作为瑶族集体性表达的主要节日，具有超越国家边界的属性。在日常生产生活中，与国外同一族群的互动是一种隐性的状态，单个家户以通信和电话的形式保持着联系。这种联系是在一个私人空间进行的行为，具有家族属性，与他人无关。同时，他们由于国籍的不同而分属不同的政体之下，有着不同的生活状态。因而在日常与国外瑶族亲朋的联系与互动中，国家属性处于显性状态，国外的瑶族是国家层面的他者。而在节日的时候，作为瑶族的共同庆典，原本分属不同国家的瑶民不远万里聚集在一起，这种聚合超越了国家的边界。这时隐性的状态变成了显性的状态，他们在同一公共空间里缅怀、纪念他们共同的祖先，围坐在篝火旁用瑶族特有的旋律对歌欢庆。这种瑶族身份的认同感因他们的语言、着装以及对祖先共同的历史记忆和民族情感而更加强烈。盘王节作为他们传统文化以及历史记忆的载体和象征，为他们的身份认同提供一个良好的契机。在盘王节上我们看到的是瑶族群体的整体性，这种整体性是政治地理边界无法分割的。盘王节体现着瑶族传统文化与历史的延续，这种文化的延续超越了国家边界。而延续的背后与村寨的历史、瑶族的历史有着密不可分的关系。

新明村（也称八公里）隶属西双版纳州勐腊县磨憨经济开发区磨憨村委会，位于磨憨村委会东南方，与老挝相连，X174乡道纵穿寨子，寨子的房屋沿南腊河支系及X174乡道成线状分布。根据政府相关数据，该村寨距离村委会8公里，距离尚勇镇13公里，面积0.85平方公里。全村辖1个村民小组，有农户60户[1]，有乡村人口252人，其中瑶族246人，农业人口252人，劳动力165人。据当地老人的口述史以及政府相关资料可知该村1966年建立，全村至今共有五代，其中第一代现存2人，建立之初有十几户因政府实行退耕还林政策从叭浦马迁移至此[2]。随后，1969年有4户因原居住地政府征地由尚岗迁移至此，2户因战乱生活环境不稳定自老挝迁移至此，一户由法国上门至此，一户从广西迁移至此，并随着时间推进而分家分户、繁衍生息，至今共58户。全村瑶族有赵、盘、邓三姓，其中赵、盘姓氏分别又划分为两大家。除瑶族之外，还有苗族2人（来自茶队）、哈尼族5人（均为老挝籍）、汉族家户有5户，均为外地搬迁来包地者，迁入地为文山、普洱。该村通婚状况，第一代、第二代多为本村瑶族间通婚，少数家户与老挝瑶族或哈尼族通婚；自第三代起有少部分与汉族通婚，与老挝瑶族哈尼族通婚者比第一代、第二代多；第四代、第五代未婚者居多。共有14户边民通婚，其中5户为老挝

---

[1] 实际调查有65户，据村长说是外来包地者，户口不属于该地。
[2] 当地村民关于这户有法国血统的家户说是曾经有一个法国人来这里开矿，因而经常与该村寨的人打交道，后来就不愿意回法国了，娶了当地一名瑶族妇女，至今有三代在该村落。但对于其子孙有几代说法不一。

籍哈尼族，9 户为老挝籍瑶族。

从新明村的村寨基本情况来看，1966 年国家的退耕还林政策以及政府征地背景之下，一部分原本居住在山上的瑶族被安置到坝子，政府给他们土地与良田，让他们安定在固定的村落，并在国家的户籍改革制度逐渐完善之后，这些山上的瑶族便在坝区扎根，世代在这里耕种劳作，繁衍生息，从原来逐山而居的民族变成了在边疆居住的公民。实际叭浦马除了迁移至现在的新明村这十几户之外，还有一部分迁至老挝成为老挝公民。其中从部分家户整个家族的迁徙历史可以看出，瑶族在历史上不断迁移以及在某些特定的历史时期对国家选择的摇摆性。下面是新明村盘文生老人的家谱残本《磐文仙记号》，记录了家族的人葬于哪里：

盘山一朗赵氏三娘一供堃在广西，道平源洞三岔平。盘贵二郎堃在广西道天何县，贵行千里其善埔。盘金四郎堃在广西道罗城县管到如项冲。李氏一娘堃在峄远县除管冲闊家。盘县三郎赵氏一娘一供堃在四城府。盘易二郎盘氏三娘一供罗城堃在县。盘江一朗堃在四城府。盘氏六娘堃在临安府临府。盘明四郎堃在猛梭洞南排冲刀象。邓氏一娘堃在猛梭洞把芬冲。盘口一朗堃在猛梭洞沧降冲刀家地。赵氏五娘堃在猛口洞沧牙冲哪咤。盘进三郎堃在猛粹洞沧伴冲把衣地主。盘氏二娘堃在猛盒洞会稳冲哪咤地。弟二邓氏堃在猛崩洞哪咤地主。法太同妻赵氏邓氏一供堃在猛粹洞沧伴冲把衣地主。第三邓氏堃在沧歪洞会捡冲口哪咤。口有堃在沧歪洞会捡冲哪咤地主。法有同妻堃在会岑冲。盘法清堃在猛口洞会岑冲哪咤地主。

从其祖先磐文仙的记录中，大致可以看出他们这个家族曾经在广西、广东、云南三个地方居住过。但因为只是一个残本，不能看到完整的家族史。而作为磐文仙的后代盘文生老人则通过他的口述，恰好补充了族谱的缺失。

我们瑶族以前是在南京种田的，后来南京有个王叫吴王与瑶族打仗，把瑶族赶上山去，赶上山之后遇到了三年干旱，三年不下雨，没得水，也没得吃，树叶都吃完了。因此就从南京过大海到广东的社就府（音译），瑶族的十二姓建立了十二个村，就在广东省分家了。分家之后有些在广东，有些去了广西和越南，有一些去到老挝。我们家有的跑到越南，还有一些跑到老挝。到底是表亲戚，和我不是本家的。我家是从广东到广西又到老挝，然后到中国，以前我们家还有亲戚也在中国，后来去老挝了，现在也在老挝，我们家没有跟去。

从整个瑶族的历史来看，瑶族人是一个逐山而居的民族，吃了一山过一山。同时从盘文生老人的口述史中我们还可以看到，瑶族在历史上的迁徙具有一定的摇摆性，在一个地方生活的好就住下来，生活不好就迁移。因此，在盘王庆典上我们看到老挝的瑶族也就不足为奇了。在国家政治层面，新明村的村民属于中国的公民，勐省寨和回朗寨的村民属于老挝的公民，但是他们共同的身份是瑶人，而盘王节是瑶族节日的象征，因此可以看到不同国籍的瑶族共庆同一节日的现象。这也是为什么在婚礼、上新房等庆典时会邀请有"干亲"关系的老挝哈尼族，而在盘王节这种带有瑶族集体性节日不邀请他们的一个重要原因。从超越国家边界的盘王节中可以看到，以新明村为主的瑶民具有双重的自我与他者的认同体系。

2. 自我与他者的双重认同体系

认同（identity）一词来源于拉丁文 idem，原意为"相同"或"同一"，16 世纪在英语中出现，起初用于代数和逻辑学。从洛克时代开始，identity 开始与哲学中的认识主体问题发生联系。到了心理学范畴，弗洛伊德提出的认同概念，表示个人与他人、群体或者模仿人物在感情上心理上的趋同过程。而到了埃里克森则将这一概念引入到社会心理学领域，并提出与之相关的"自我统一性"，"集体统一性"等概念。20 世纪 50 年代，identity 成为社会科学中一个流行的术语，后逐渐引入民族学、人类学领域，用以研究族群形成的原因及族性等问题。族群的认同是族群成员之间对彼此共享的相同性的认知与感受，同时通过对内的"认同"与对外的"认异"判断出族群认同的范围，也就是对"他"自觉为"我"的结果。而在节日的研究中，由于节日作为文化的载体，一方面可以从节日中看到传统文化的踪迹，包括节日背后的历史，习俗、文化逻辑等。另一方面，通过分析在节日中哪些人参加，哪些人不参加，哪些人可以参加，哪些人不可以参加，能够看到节日的边界以及节日的实践主体瑶民们自我与他者的认同体系。在盘王节到场的人群中，被邀请的也就是参加和可以参加盘王节的人是在磨憨经济开发区范围内的本国瑶族、国外老挝瑶族、政府官员、边防武警、企业老板以及该村寨附近的傣族、哈尼族、苗族、汉族村民。不被邀请的也就是不参加与不可以参加的是与该村寨距离较远的村寨以及国外的非瑶族。在这里可以看到国内与国外；瑶族与非瑶族的双重他者。相对于中国境内，老挝人是新民瑶村的他者；相对于瑶族，村寨以外非瑶族的民族是新民瑶村的他者。而这种双重他者在日常生活与节日中又分别呈现不同的认同体系。

（1）日常生活中自我与他者的认同体系

由于认同是对"他"自觉为"我"的结果，因而，在群体认同中，作为一种集体现象，既包含群体的特性又包含群体的意识两个层面。而在边境地区，除了要考虑群体本身的自我因素之外，还需要考虑政治因素，也就是政治地理疆界划分的不同政体的影响。在磨憨新明村的个案中，日常生活里，谁是他者？也必然应当从这些层面来考虑。

首先，从政治因素的视角来看，新明村瑶族边民是居住在中国边境的具有中国国籍的公民，具有国家属性，因而，尽管新明村的瑶民与老挝有一定的往来，但是如果从国家的视角看，他们的"他者"为老挝籍公民，分属不同国家，生活在不同的政体下，并且享受不同的国家政策。虽然两国比邻，国境线内外有些村民又血缘或者姻亲关系，但是在跨越国界线出国探亲或者做生意的时候，当地村民需要持边民证到边检站进行检查后方可出入。在日常的生活与交往中，尽管他们与老挝人有一定的贸易往来、姻亲关系或者朋友关系，但是在访谈中，当指着来自老挝的人时，当地村民会先告诉笔者哪些是老挝人，然后才会说他们是哪个民族，以及与自己的关系，甚至有时只说是老挝人。并且他们有一套自我判断的方法。

有些老挝人穿的衣服和我们不一样，另外他们讲话的时候你一听就知道了。还有他们骑的摩托车的车牌，上面是用老挝语写的。[1]

你就看他们穿的鞋子，老挝人是穿着袜子穿拖鞋的，我们穿拖鞋的时候

---

[1] 赵富近，访谈于 2014 年 11 月。

不穿袜子。[1]

在日常的野炊中,"老挝人喝酒只用一个杯子,从一个人传到下一个人。到你这必须一杯喝完才能传给下一个。在老挝野炊,他们不会准备太多的食物,通常十几个人三四个菜就能喝一下午。我们会准备很多菜。"[2]

可见在日常生活交往中,这种国家从属的观念较强,尽管在老挝可能有些村寨与该村的生活生产方式、生活习俗更加的相似,在族源上更加接近,但是在日常交往中,国内与国外的差异是随时可见的。因而从国家的层面来说,国内的为"同一"的"自我",国外为与之差异的"他者"。

其次,从一个国家的范围来看族群的他者,则要从其族群内部共享的文化,包括共同的历史、民俗活动、服装、语言、宗教信仰等情感因素方面;以及因共同生产生活而形成的物化基础来判断谁为自我谁为他者。从一个村落共同体来说,他们有着共同的生活空间与村落组织,彼此相互了解、共同劳作,有共同的生计方式。该村落于1966年开始因政府的号召,逐渐从不同的地方迁至现在的新明村,也从原来世代居住的山上搬到了与傣族相邻的坝区。虽然没有天然的共生环境,但是至今已有五代,并业形成了一个完整的村落体系。同时,全村以水稻种植和茶叶种植为主业,兼有养鱼、蔬菜种植以及小规模的边境贸易,有着相对较为统一的生计方式和物化基础。除此之外,该村落有着共同的对瑶族祖先的历史记忆,以及瑶族先民流传下来的神话传说,例如有关"祖先传说"、"葫芦的传说"、"大榕树"与"大青树"的传说。同时其日常生活中共同的本土知识,包括对动植物的辨认、瑶族的药浴等也有着共同的记忆。此外,村落以瑶族的"勉语"为主,瑶族的传统服饰和盛典时候戴银的习俗也形成了该村落有关瑶族的共同情感基础。因而,在国内的范围,他们的他者是村落以外的非瑶族族群。

(2)节日中自我与他者的认同体系

虽然在日常生活中,新明村瑶民有着不同的"自我"与"他者"的判断,然而在节日中,其日常生活的自我与他者的认同体系就发生了改变。原本的

---

[1] 2014年11月"杀猪饭"时饭桌谈话的记录。
[2] 2014年11月"杀猪饭"时饭桌谈话的记录。

"他者"在节日中成为了一同庆祝与娱乐的参与者,节日将原本处于不同国家、不同村落共同体以及不同族群的人聚集在一起,实际上是这些人打破了原有的共同体到另一个共同体的过程。首先从国家层面,原本被视为他者的老挝人,在节日中则被视为同一族群应邀前来一同欢庆。而从族群角度,原本被视为他者的非瑶族以及村落以外的村民,同样也出现在作为瑶族的盘王节庆典之上。他们共同展示着本族的文化。代表国家的政府官员与边防战士在盘王节也退去了他者的外衣,被节日容纳进来。也就是说,在节日中原有的认同体系打破了,从而形成了一个新的自我与他者的认同体系,在这个认同体系中,简单来说被邀请参加盘王节庆典的是自我,而不被邀请的为他者。因此在这样一个公共的空间里,不同国家的瑶族通过共同的记忆容纳进来,而同一国家的不同族群则通过节日的狂欢容纳进来。从这个角度来看,节日作为一种文化的载体,一方面可以通过其自身承载的传统文化的踪迹,来凝聚其具有共同文化背景的群体。另一方面,节日也可以通过其自身所承载的娱乐功能以及社会功能,打破原有的自我与他者的认同体系,而将没有相同文化记忆以及族群认同的群体突破原有的共同体聚集起来。

三、盘王节在边界实践中的功能

1. 节日的互惠

在不同的时代和不同的社会,作为一种文化现象,互惠所体现出来的形式和意义也有所不同。而人类学的互惠概念则是源于美国人类学家博厄斯(Franz Boas)对礼物交换的研究。他在介绍北美西北海岸夸扣特印第安人中盛行的夸富宴(Polatch)时,把这种宴会作为一种特殊的礼物交换类型来描写(1897)[1],从而引发了人类学领域对礼物交换的研究。马林诺夫斯基在其《西太平洋的航海者》(1922)中看到梅拉尼西亚社会中"库拉"的交换,虽然他看到了"库拉"交换的背后并不是寻求经济利益,而是与荣耀与信任相关[2],但是依然没有摆脱将其视为经济交易的陷阱。而到莫斯的《礼物》则将

---

[1] 阎云翔. 礼物的流动:一个中国村庄中的互惠原则与社会网络 [M]. 李芳春,刘瑜,译. 上海:上海人民出版社,2000.
[2] [英] 马凌诺夫斯基. 西太平洋上的航海者 [M]. 梁永佳,李绍明,译. 北京:华夏出版社,2002.

礼物的交换看成是社会整体，从物质、宗教以及道德的层面来分析礼物的交换，看到了礼物交换背后隐藏的社会内涵，通过交换缔结某种契约[1]。经济人类学家科迪尔（Helen Codere）对印第安人中流行的夸富宴提出了自己的看法，即交换的意义不是物品交流本身，而在于物品与威望的互通性（1950）[2]。美国人类学家马文·哈里斯（Marvin Harris）的互惠观点与再分配有关。再分配是波朗尼提出与互惠并列的一个概念，指的是一种从"付出"到"返还"的完整连锁系统，表现在一个共同体内部，普通成员向拥有政治、宗教权力的领导者义务奉献财务或劳务，然后领导者又通过节日盛宴或其仪式，将自己聚集的这些财物、服务返还一部分给普通成员。哈里斯则认为再分配的交换体系最好理解为互惠的扩大形式。[3]

在互惠体系中互惠的功能往往成为交换的动因，归纳下来互惠大致有以下几个社会功能：其一，礼物是"属灵"的东西，是个人意志化的附属物，这使得受礼者不得不与送礼者发生互惠关系。例如，莫斯认为，夸富宴存在的两个基本因素充分体现了神秘的礼物观点，一是荣誉、威望、财富所赋予的"曼纳"。二是回礼的绝对义务。其二，礼物作为维系人际关系的纽带，使得人与人之间发生互动，以此达到社会稳定的目的。其三，礼物交换与声望、权力、地位紧密相连，在一定的场合，礼物可以变为一种政治操控手段，使有地位的人地位更高，使富裕的人更富有，使没有政治资本的变得有资本或者与此相反。其四，互惠作为一种经济行为，从古至今都是一种再分配方式，也是社会再生产的环节之一。它在一定程度上缩小了贫富分化，起到了一定的社会保障作用。其五，礼物交换的频繁度是区辨人与人之间的关系亲疏的尺度。[4]而瑶族盘王节作为一种节日的互惠，同样也体现着瑶族边民的生活逻辑。

盘王节作为一种特殊的礼物交换类型，从中可以看到国家与地方，地方与社会，以及地方与市场之间的互惠与交换。在磨憨第二十八届盘王节中我

---

1 [法]马塞尔·莫斯.礼物：古式社会中交换的形式与理由[M].汲喆，译.上海：上海人民出版社，2002.
2 王铭铭.社会人类学与中国研究[M].北京：三联书店，1997.
3 [美]马文·哈里斯.文化人类学[M].李培茱，译.北京：东方出版社，1988.
4 参见杨丽宁.人类学互惠理论谱系研究[J].广西民族研究，2003（4）.

们可以看到，盘王节的举办有一定的政府资助，盘王节的欢庆有政府官员与边防武警的参与，同时也有企业老板与邻村寨的村民参与。在这里新明村作为一个村落整体象征的是地方符号，而政府官员与边防武警象征的是国家的符号，邻寨的村民作为所在村落共同体的成员，象征的是社会符号；而磨憨的企业老板则象征的是市场符号。在盘王节中，作为国家符号象征的政府给新明村一定的补助来资助盘王节的举办，而新明村瑶民在接受"给予"的同时用邀请政府官员参加盘王节作为"回馈"以完成这种互惠的过程。而边防武警虽然没有在金钱上给予资助，但是作为边民的新明村瑶民来说，他们的生活生产与边防武警息息相关，包括他们的出入境、军民关系的融洽等等事项形成了一种权力的关系，而瑶民通过节日的邀请与宴请来完成这种国家与地方关系的互惠，以此维系当地正常的社会秩序。而作为地方与社会之间的互惠，则体现在瑶族与其他民族之间的节日互惠上，在磨憨分布着不同的少数民族，单单新明村附近就有傣族、哈尼族、苗族、汉族等村寨，在日常的交往中，节日是最能够体现不同村寨互动的聚焦点。同时在这种不同民族节日的举办、邀请、再举办、再邀请的循环过程中，既是一种社会关系的互惠又是一种权力关系的交换。而企业老板作为商业信息的来源，是市场符号的象征。他们通常在当地的市场贸易中起着举足轻重的地位，他们掌握着大量的商业信息，政府优惠政策以及与国内外贸易的社会关系资源。因而在给予地方一定就业机会以及投资信息的同时，瑶民通过节日的邀请来完成互惠。

2. 充满智慧的生活策略

在前面我们谈到，在民族国家产生之后，瑶民通过一系列的固边政策，从山上慢慢迁至坝区或安置点而完成了边疆化，从一个不断迁徙不受国家管控的民族成为居住在边疆地区的公民。然而，尽管由于政治地理疆界的划分他们被边疆化，公民化了，但是从他们的日常生活中依然可以看到他们通过自己的方式与智慧，来适应与改变自我的生活状态，通过文化的延续性与边界之外保持联系，同时也通过他们延伸至边界之外的社会关系，来在当地寻求生活与贸易的机会。换句话说，与其说他们是被边疆化的边民，倒不如说是作为瑶族与边民双重身份的人在实践边疆。节日作为边界实践的一种，也体现着他们充满智慧的生活策略。

（1）通过节日扩大社会关系

举办节日是一种群体的行为，因此举办盘王节的场域就成为一个公共空间。在这样一个开放的公共空间中，不同社会背景的人聚集在一起，通过宴请、娱乐与对歌来进行交流，不同的村落共同体或者不同族群的人在节日中突破了原有的空间，接触认识新的朋友，同时也完成了一种社会关系的扩大。社会关系网的扩大则意味着会有更大的信息传递，也就意味着机遇，而这里的机遇有可能是婚姻的缔结、或者是干亲的缔结。这仅仅代表的是家庭成员的增加，更多的是家庭背后的关系网络。

（2）通过消费稳定社会秩序

在田汝康《芒市边民的摆》中叙述了芒市的傣族通过作摆来完成生产、消费与再分配的过程，同时通过消耗大量的金钱作摆，来换取身份地位与威望的提升，从而来维持其社会的平衡。[1] 同样在瑶族盘王节也一样，虽然有政府的资助，但是实际上的消耗远远大与此，但是他们每年依然会将其视为一年中最盛大的也是最重要的节日来办。盘王节的举办权在不同寨子之间流转，一方面体现着该村寨的财富实力，另一方面通过这种大量资产的消耗，平衡了不同瑶族村落之间的贫富差异，同时消耗财富的村落也通过获得举办权来获取威望。而在举办盘王节期间，通过邀请与自己村落生产生活息息相关的人完成互惠，来稳定其原有的社会秩序，消解争斗与仇恨。

（3）通过信息的交流寻求贸易机会

磨憨口岸作为一个国家级港口，伴随着中国与东南亚各国关系的进一步发展而越来越重要，在进出口贸易不断增加的同时，也带动了当地经济的发展。新明村作为一个具有民间通道的边境村落，每年都会享有一定的边民互市优惠政策。伴随着农耕经济的衰退，当地的农民开始通过边境贸易来增加收入提高生活质量。而贸易的重要因素就是商机，所谓的商机代表的不仅仅是具有一定的商业头脑可以看透商贸投资的动向，对于当地由农转商的瑶民来说，有一定的社会关系以及信息渠道要比任何都重要。而节日既然可以扩大他们的社会关系，就意味着他们可以通过节日的举办来结识企业老板、贸易商，从中得知一些有可能提高生活质量的信息。甚至也可以通过这种交流

---

[1] 田汝康. 芒市边民的摆 [M]. 昆明：云南人民出版社，2008.

与结识而直接获得工作。

四、结语

詹姆斯·C·斯科特在《统治与反抗的艺术：隐藏的文本》一书中在研究支配和被支配群体之间的阶级权力关系时，认为占据支配地位的群体和被支配群体之间存在公开场合和私下（off stage）不同的对话和语言行为模式。农民在国家统治之下表现出公开场合的服从与私下的抵抗状态，也就是他所说的"公开文本"与"隐藏文本"。[1]因而在他的研究中，农民的抵抗是一种消极的隐藏的抵抗。而在西双版纳磨憨镇盘王节中，可以看到盘王节作为瑶族盛大的节日，在边疆地区的实践有其自身的特点，通过节日不仅超越了国家的边界与族群的边界，同时也体现着当地瑶民，在日常生活与节日中双重的自我与他者的认知体系，以及节日作为一种特殊的礼物所承载的互惠体系。虽然国家地理边界割裂了族群的完整性，瑶族边民在国家管理边疆的进程中逐渐边疆化。但是节日在边疆地区的实践，让我们看到了瑶族边民充满智慧的生活策略与积极的生活态度，与詹姆斯·C·斯科特笔下消极抵抗的农民是不同的。

---

1 Scott, James C. Domination and the Arts of Resistance[M]. Yale University Press，1992.

麻批麻普：黑树林地区螺蛳寨段氏家族节日变迁与族属流变

杨 漪

摘要

本文通过对黑树林地区螺蛳寨段氏家族三次迁居过程中节日变迁及族属流变，阐明节日在地域融合与族群身份表达中的重要作用。文章首先通过段氏家族在黑树林地区哈尼族"苦扎扎"节中特殊的节日表征，引出段氏家族在该地区"麻批麻普"的族群身份认同。进而追溯段氏的迁居过程、节日变迁、族属流变、家族记忆以及这几者之间的关系。段氏家族随着历史上的三次迁居，所过节日不断变迁其族属身份也不断变化，但作为段氏家族后裔的记忆从未改变。段氏家族在不同地域中通过与当地人共享节日并变更其族属身份来获得在当地社会中的合法性，同时又通过特殊的节日表征来强调其作为大理段氏的家族记忆，凸显出段氏"麻批麻普"的族群身份以及族群之间的边界。研究认为，段式家族通过节日实现了互动交流与融合，但又通过节日来界定了其民族\族群的边界。作为少数群体的段氏在民族\族群互动中不仅没有被置于边缘，反而体现出其在互动中的主体性。

关键词

麻批麻普　节日　段氏家族　家族记忆　族属

杨漪，云南民族大学硕士研究生。

本研究系云南民族大学云南省文化研究院 2015 年度招标课题"影像志：黑森里地区文化多样性与水之祀"、云南民族大学 2014 年省部级人文社会科学重点培育项目"民族工作研究基地"的阶段性成果。

一、引言

"黑树林地区"是一个历史概念，位于云南省红河州红河县、绿春县与普洱市墨江县和玉溪市元江县的交界处，包括红河县的三村乡、垤玛乡和墨江县的龙坝乡、那哈乡。据统计，自解放初期到1992年，在黑树林地区的墨江、红河两县约53公里交界的18个地段上共发生械斗36起。[1] 黑树林地区曾是云南省民族工作热点地区，有学者专门就该地区的"民族问题"进行过学术讨论。[2] 三村乡为黑树林地区的核心区域，据三村乡政府工作报告，截止2015年1月，"该地区世居哈尼、汉两种民族，其中哈尼族占总人口的95%"。[3] 然而，事实上该地区民族构成复杂，不仅有汉族、哈尼族，还有从大理迁居至此由白族转变为汉族再转变为哈尼族的"麻批麻普"。

"麻批麻普"为哈尼语谐音，"麻"是"不"的意思，"批"指"汉族"，"普"为"除了汉族以外的民族（在这里，特指当地的哈尼族）"。因此，"麻批麻普"翻译为汉语意为"不夷不汉"，指介于汉族和哈尼族之间的群体。这些自称"麻批麻普"的哈尼族，主要集中在三村乡三村村委会的螺蛳寨，为螺蛳寨的段氏家族。他们自认为其祖先是从大理迁居而来的白族，并且认为自己是历史上大理国段氏的后裔，迁居到汉族住的地方便成了汉族，迁到哈尼族住的地方就成了哈尼族，而与当地民族融合的重要表征就是过当地人的节日。螺蛳寨作为一个自然村，共有119户，591人，主要以段氏、白氏为主，其中段氏共有79户，占该村的67%，该村全体村民的户口登记均为哈尼族。[4] 作为"麻批麻普"的段氏家族在螺蛳寨人口不断壮大，但是从一个区域整体来看，黑树林地区以哈尼族为主体，段家属于少数民族中的少数群体。

巴斯（Fredrik Barth）在《族群与边界》的导言部分分析边缘组织特征时，认为"许多少数民族境况中都可以看到被主体民族主动拒绝的痕迹……

---

[1] 格桑顿珠，编. 云南民族地区发展报告（2003—2004）[R]. 昆明：云南民族大学出版社，2004:88.
[2] 例如：郭家骥对该地区的纠纷能否成为"民族问题"进行探讨；而杨洪林则强调了民族问题中的非"民族"因素。具体见：郭家骥. 从矛盾冲突走向共同发展——云南黑树林地区族群关系"百年干戈化玉帛"的启示 [J]. 思想战线，2009（5）. 嘉日姆几. 民族问题社会构建的随机过程与马尔可夫性策略—云南黑树林地区水利纷争民族问题化的人类学解读 [J]. 西南民族大学学报（人文社科版），2015（8）.
[3] 该数据来源于三村乡2014年政府工作报告，是笔者在田野调查中于三村乡三村村委会所得。
[4] 该数据来源于三村乡派出所。

这一类体系包含了几个族群,但是不同群体成员之间的互动并不是由于族群身份的互补性造成的;这种互动完全是占优势的统治群体的身份和制度的框架下产生的……"[1] 也就是说,少数群体与主体民族的互动由主体民族来主导,对主体民族与少数群体关系的研究也多从"中心—边缘"的视角出发。然而,少数群体是否就意味着"边缘"?少数群体在族群互动中的主体性是否真正缺失?这是一个亟待思考的问题。

当具有不同文化的群体进行交往互动的时候,人们会尽量缩小他们之间的差异,从而寻找文化的相似性或文化共性。节日就是一个表达社会融合、群体共性的特殊的时机,"通常极其封闭的集团在集体激情的作用下暂时解除了它们各自的封闭性"。[2] 通过对节日的研究,可以更好地观察族群之间的互动、融合与边界。因此,笔者将以"节日"为切入点,通过对段氏家族主要节日仪式的参与观察及其家族记忆的访谈,来揭示段氏家族何以成为"麻批麻普"。

2015年1月,笔者在跟随云南民族大学民族研究所民族问题研究基地黑树林调查小组到黑树林地区进行田野调查,初次认识螺蛳寨特殊的段氏家族。2015年1月至10月,笔者先后四次进入该地区调查,期间曾对该地区最为重要的"苦扎扎"节进行参与观察,并对段家人进行多次访谈。本文便是基于上述调查所获得的材料撰写而成。

二、"苦扎扎"节与段氏家族的节日表征

(一)节日简介

"苦扎扎"节,"苦"是"围住、合拢"的意思,"扎"为"吃"的意思。"苦扎扎"意为:待庄稼种进田里、作物种到地里将田地都围起来之后,农忙暂时告一段落,举办一个人神同乐的节日,并期盼来年有个好丰收。哈尼族主要的三个节日是"苦扎扎"、"美色扎(十月年)"和"普玛昂突(祭竜)"。其中,

---

[1] 弗雷德里克.巴斯,主编.族群与边界——文化差异下的社会组织[M].李丽琴,译.马成俊,校.北京:商务印书馆,2014:22.
[2] 葛兰言.古代中国的节庆与歌谣.赵丙祥,张宏明,译.赵丙祥,校.桂林:广西师范大学出版社,2005:195.

"苦扎扎"是一年中最大的节日。当地人解释,在哈尼族宇宙观中,认为庄稼为大、人次之、牲畜钱财排行第三。"苦扎扎"是为了让庄稼长起来而过的节日,在节日中排行最大,因此过"苦扎扎"节时一个村寨要杀一头牛。而"美色扎"时候是杀一头猪,"普玛昂突"时则杀一只鸡。

"苦扎扎"又称"六月年",因为以前种老品种水稻时候,有些人家要靠农历五六月的雨水泡干田,泡完干田才能栽秧,往往到农历六月前后才能过节。但是种杂交水稻之后,当地的栽秧时节提前至农历二月的中下旬。栽秧结束开始种植玉米、小麦等农作物。由于农忙时间提前,"苦扎扎"节也随之提前。现在,黑树林地区多是农历四月属虎日或者属牛日过"苦扎扎"节。笔者调查地区,今年于农历四月第一个属虎日(即阳历5月25日)开始过节。

(二)节日的仪式过程

"苦扎扎"节持续三天。节日期间不做任何农事活动,以吃喝玩乐、唱歌跳舞、宴请宾客为主。

第一天仪式较多。按照时间顺序,主要包括:"抢新水"、"插树枝"、"在家门外献饭"、"喂牛"、"宰牛分牛"、"在家里献饭"。

一是"抢新水"。天蒙蒙亮时,哈尼族妇女便要起床去建寨时所挖的那口古井里打新水。谁家起床早,抢在最早打水就预示着好运、来年能有好收成。打水时,放几粒米在井边,表示与井买水。抢到的新水要带回家里,将这些井水倒入家中的水缸,这些水代表对整个家庭的清洁。打来的水首先用来蒸献饭时所需的糯米。

二是"插树枝"。抢完新水,妇女们要到寨子边折一些"哈巴"树树枝,带到家中用清水洗过之后,插到门口的上方的竹筒内,并且用"哈巴"树叶包一些用新水煮的糯米饭所舂出来的糯米粑粑放在竹筒旁边。据说天上的"俄直""石批"两位管农作物和人的神仙会骑着马下来与民同乐,家家户户门口所放的树叶和糯米粑粑是为了给两位神仙的马匹做马料;另一说法是"哈巴"树叶便是两位神仙的桌子。[1]

三是在家门外献饭。通常献饭是用一颗鸡蛋或者杀一只小鸡,再准备一

---

[1] 访谈资料。访谈人:三村乡李皮陆夫妇。

点米、一碗清水、姜、茶水和酒。此次在家门外献饭，是献给外面不干净的东西（也就是鬼），让它们先吃并告诫它们不要到家里来捣乱。

四是喂牛。在屋外献饭结束后，回到家里用青草包一些糯米饭或糯米粑粑来喂牛，意为告诉老牛这是它辛苦的成果。认为如果没有喂牛，那些牛会很寒心、难过。

五是宰牛分牛。过节时一个村子要杀一头牛，宰牛分牛是一个寨子的集体行为，代表一个村寨的整体性。村子里选出两家人来作为负责买牛和组织杀牛的揽头人，买牛费用由整个寨子各家户均摊。主持宰牛的人是寨子里的"普玛阿布"（竜头），为这个寨子受人尊重的长老，每年祭竜时靠打掛遴选出来。宰牛前，先由"普玛阿布"给即将被杀的牛喂食糯米粑粑并且磕头，告诉老牛"你没有罪，只是因为要过六月，哈尼人的祖宗、神仙要祝贺今年的秧田栽完，希望明年粮食丰收、五谷丰登、一年比一年增产，事事都兴旺起来，谷子要像水晶石一样白白透透"。[1] 喂食之后，寨子里七八个壮汉将牛卧倒，由"普玛阿布"用刀在牛的四肢和脖子处比划示意之后便可宰杀。宰杀的牛肉需要平均分配给各家各户，并将牛头牛角及下颌骨挂在指定的大青树上，牛的四肢则分给揽头人作为酬劳。均摊到各家户的肉必须包含牛的心肝内脏及肋骨。

六是在家里献饭。每家领取的牛肉及其内脏需带回家中煮熟，连同糯米饭、茶、酒等一起放到户主所住房间的床头柜上献饭，而肋骨则需一直放到下一轮羊日再一次献饭，也称过小年，为期一天。

第二天依然要献饭及宴请宾客，享受人神同乐的气氛。第三天献饭过后，需点一把火把，用一根木棍拍打家里的每个角落，把"俄直""石批"赶回天山去。三天娱乐之后便停止献饭，村子回到正常的生活秩序。

（三）段氏家族特殊的节日表征

在参与观察螺蛳寨段氏家族"苦扎扎"节的过程中，笔者发现段氏家族有四个与当地哈尼族不同的节日表征。一是抢新水时，哈尼族用米来"买水"，而段氏要往井里丢硬币，在井边上香。二是插树枝时，哈尼族插"哈巴"树

---

[1] 访谈资料。访谈人：段好福。

树枝，而段氏插的是铁梨树树枝。三是宰牛分肉时，哈尼族将牛的四肢分给揽头人并将牛头的下颌及牛角挂在指定的大青树上，而段氏主张保留牛脚且不在树上挂牛头。四是哈尼族在节日第三天有驱赶丰产神的仪式，而段氏则没有此项仪式。对此，螺蛳寨的段好福解释说：

（1）买水时候，民族（哈尼族）么是用米，汉族么一般是丢硬币。汉族是过春节的时候去买水。我们是过"苦扎扎"呢去买水，么像汉人一样，要把硬币丢在水井里，还要在井边点上一炷香跪着磕头。（2）在门前插的树枝有三种，一般在门前栽松树、插铁梨树的，祖宗是汉族；一般插哈巴树的，祖宗是哈尼族。我们老段家是用的铁梨树。现在我们变成哈尼族了，但是祖先是不会变呢。（3）宰牛的时候，我们这里牛头、嘴巴、牛角之类没有拴在那棵树上，我们不拴的目的是那棵树没有做过仪式，没有这个传统。一开始我们就没有设置过这棵树的崇拜、祝贺。我们看那些汉族三月清明的时候，在街上买猪头猪肉去献饭。一寨子呢过苦扎扎杀的那头牛，头脚给别人吃掉么，寨子呢献饭不献饭不有意思了。这个一突破掉么，就是在没有分牛肉之前，纯纯的一个三斤肉，揽头人的误工费就是这些了。（4）点火把么我们不搞。我们么，汉族也不是，哈尼族也不是，就是"麻批麻普"了。[1]

通过访谈可以看出，在长期与哈尼族混居的过程中，为了融入哈尼社会，段氏参与了"苦扎扎"节的庆祝仪式并基本遵循了节日过程。由于祖源记忆不同，虽然段家人与其他哈尼族同过"苦扎扎"节，但是段家的节日并不具有哈尼族更深层次的节日内涵。

首先，当地哈尼族用米粒去古井"买水"，体现的是哈尼族宇宙观中以庄稼为大的观念，庄稼的重要性超越了人和钱财；抢新水则是对建寨时所建古井的尊重。而段氏选择丢硬币"买水"，并且在水井边插香，与当地汉人过春节抢新水的方式一致，这是一种等级交换的逻辑。香在汉族文化中，有绝地通天的寓意，点香意味着请神。但是哈尼族的观念中，水井里并没有神仙，打新水不意味着请水神而是代表洁净，是一种社会秩序分类与社会更新的逻

---

[1] 访谈资料。

辑。二者之间关于"买水"的逻辑有着较大的区别。

其次，当地哈尼族在门外插"哈巴"树树枝，是为了请天上的神仙下来娱乐、保佑丰产。而段家使用的铁梨树不在这一文化体系之内，因此并未与哈尼族享有共同的神话体系。

第三，哈尼族观念中，建寨之时必须选定一颗大青树作为过"苦扎扎"祭祀的场所，如果没有这个祭祀场所便不成一个寨子。但是段家人建寨之初，认为自己的祖宗与当地哈尼族不同，虽同过哈尼族节日却并未给杀牛场所赋予完全的神圣性。对于哈尼族，在祭祀过程中最重要的是动物的内脏，而四肢是排除在祭祀活动中的。段氏虽然分肉时也强调每家户必须分到牛的内脏，但是同时也在模仿汉族，将牛头牛脚保留下来并赋予其神圣性。

第四，在节日结束时，哈尼族点火把用木棍驱赶丰产神，意味着节日的结束与正常秩序的恢复。而段氏家族没有使用"哈巴"树请神，更谈不上用木棍驱赶神仙。

段氏家族的"苦扎扎"节，既保持了哈尼族节日的形态又书写了对汉族节日仪式的记忆。这种不夷不汉的节日特征，与其历史上的三次迁居及其文化策略有关。段氏在迁居过程中所过节日所过节日不同，其族属身份也随之改变，所体现出来的文化特征不断丰富，而段氏的祖源记忆也在文化碰撞中得以巩固。

三、家族记忆的历史裁剪

哈布瓦赫（Halbwachs, M.）认为"存在着一个所谓的集体记忆和记忆的社会框架"[1]。保罗. 康纳顿（Connerton, P.）在《社会如何记忆》一书中更具体地指出："可以说，我们对现在的体验，大多取决于我们对过去的了解；我们有关过去的形象，通常服务于现存秩序的合法化……有关过去的形象和有关过去的知识，是在（或多或少是仪式的）操演中传送和保持的"。[2] 景军在分析民间记忆研究取向时总结："一个民族特有的记忆在受到外部世界刺

---

[1] 莫里斯. 哈布瓦赫. 论集体记忆[M]. 毕然，郭金华，译. 上海：上海人民出版社，2002：69.
[2] 保罗. 康纳顿 社会如何记忆[M]. 纳日碧力戈，译. 上海：上海人民出版社，2000：4.

激之际会升华为强化族群意识的极大动力"。[1]因此，追溯"文化"的历史，不是去探寻何为真实的历史，而是关注当代人如何去回溯历史、裁剪历史。在笔者的田野中，段氏家族现今在"苦扎扎"仪式中所保持的特殊表征，正体现出段氏对其对迁徙历史和祖先来源的记忆。段氏家族通过参与本土的节日仪式与地域相融合，又通过特殊的节日仪式表征表达对过去的记忆。并且，越是与地域相融合就越是激发段家对其祖源记忆与迁徙史的记忆，也越是促使段家凸显出其在地域中既融合又特殊的族群特征，以此获得地域的合法性。

（一）三次迁居

1. 大理—因远

螺蛳寨段氏家族自称祖宗是湖南的汉族，从湖南迁移到大理国时候，娶到白族姑娘就变成了白族，大理国灭亡后便逃难到元江县因远镇。从湖南到大理国的历史已无法考证，但是从大理到因远的历史可在因远镇段龙的墓志碑文中找到记录：

自古人之继世容可恕。我段公口寄滇南之裔，苍山贵籍。兄弟行商至此邑，见夫地广民稠遂娶忘归。段公娶妣周氏笃生一子名曰盟。叔祖段海亦娶妻氏有子，自兹中有风嗣，兄弟受祖上恩食邑延庆，公之子产三男，长名奴登，叔季名口口口口兄弟子孙振振百嗣云扔居集成邑。呼其乡曰段氏村噫！斯非二公之积（积）丰厚厚流光何如是之发祥乎，龙公曾孙安庆恐后裔不知二公流派遂立志铭。以垂不朽，口口口口共思水木同源以昭不忘斯善矣。
时龙飞康熙三十四年黄中月吉旦　长生　撒登　孝忠口口口口。[2]

由碑文可知，在康熙三十四年（即1695年），段氏家族已经从大理迁居到因远镇至少有四代人，并且已发展成为一个段氏村落。据螺蛳寨村民口述，他们的先祖叫段永，碑文中的段龙为段永之子，随之而来的还有段龙的弟弟名为段海。段家人到因远镇后，买到田地便在此地安家。当时该地为白族、哈尼族混居，按照保甲制度来排，白族村寨共有八甲，段家是白族八甲中的

---
[1] 景军.神堂记忆[M].吴飞,译.福州：福建教育出版社,2013：19.
[2] 此碑文螺蛳寨段家人抄写自段家家谱《因远白族族源》一书。该材料由云南民族大学高朋老师收集。

二甲。二甲又名段家村，后又为元庆村、红安村。

2. 因远—竜宾

随着人口增加，因远镇段家村有限的田地不能满足段家子孙所需，遂分出六支到各地安居，只留一支继承祖产。其中，笔者所调查这一支迁居至墨江县竜宾村。段家人对自己的家史记忆为：

> 分出来的六支么，我们讲得出五个。一个是迁移到元江县那各大寨，一个是迁移到垤玛乡红马村，一个是迁移到墨江县龙坝寨那里，一个是迁移到墨江县城，墨江原来叫"他郎"，我家么迁移来竜宾。竜宾那个寨子（历史上）形成了前八家后八家，我们是前八家。前八家我只能说出来六姓，是：老宋家、老宗家、老段家、老黄家、老尹家、老朱家。早以前我们这些姓，人口最不发达的就是老尹家和老罗家了，老宋家也不发达，只有两三家。[1]

此外，根据竜宾现存段氏祖坟段母沐氏之墓碑文记载，沐氏卒于乾隆三十七年（1772年）。沐氏的丈夫段浩汦及其子段汦者的坟墓均在竜宾（碑文在"文化大革命"时期已毁），但其孙子段者厄的墓碑设在螺蛳寨，说明段家最晚在段者厄这一辈已迁居螺蛳寨。对比因远可考碑文及竜宾碑文，可知段氏一家在竜宾居住时间不足百年。

3. 竜宾—螺蛳寨

段家在竜宾时与李家发生土地纠纷后签订一份契约，但后来契约丢失，因此失去了在竜宾居住的合法性。段氏看中打洞梁子地势，认为可以开垦良田，便迁居到打洞梁子与白家共同建立螺蛳寨。迁居螺蛳寨之后，与当地人合买水源并积极开沟垦田。三村村委会分水纪念碑处刻有买水《执照》：

> 嘉庆七年三月二十九日，因远巡抚检详据惠远里打洞村民：罗仲德、舒史厄、段厄鲁、杨聚云、王二保、司存杨德亮、李阿得、李安登等票称：窃小的罗仲德父罗相文前备买银四百两买得他郎属之猛里村周者得等娘铺元属交界有水源一处。开沟引水至打洞山坡，以资垦田。因前父开沟一道历年以

---

[1] 访谈资料，段好福。

久，旧沟多有崩塌，沟水一路渗漏散流。小的等现于旧沟之下另开新沟一道，接上沟渗漏之水，穿山过岩约长三十余里，水到打洞荒山可以开垦田亩，将来水到之处田亩果能开成，小的情愿报垦陞科伏乞仁恩，据情转详恩请赏发执照承领，以便遵照开垦，顶沐高厚无既等情，据此。[1]

第一个迁居到螺蛳寨的祖先是段者厄，他的墓碑立于光绪乙酉年季春月（即1885年）。碑文中的段厄鲁为段者厄之子，买水时间为嘉庆七年（1802年）。自段者厄开始，段氏便安居于螺蛳寨至今。

（二）迁徙中的文化策略与选择

在三次迁移中，段氏家族每到一个新的地方都通过自主选择与当地人通婚并学习当地人的风俗习惯、过当地人节日等，来获得在当地居住生活的合法性，但同时也会保留历史上有学到的文化特征。因而，段氏所承载的文化体现出一种显性特征及一种隐性特征。显性特征往往与迁徙地的本土相近，隐性特征与迁徙中所携带的文化特征及其恒定不变的祖源记忆有关。

1. 因远时期

因远镇历史上是哈尼族聚居区，明代开始有白族[2]进入。段氏家族明末清初由大理抵达因远镇，与当地哈尼族杂居。虽然这一时期以白族文化为显性特征，但也开始学习并接受哈尼文化，积极融入到当地的文化体系中。

这主要体现在两个方面。一是：二甲村又称"迪厄厄比"，意为有龙洞井[3]的地方。哈尼族在选寨建寨时，必须在寨子边找到水源地修一口井并且请祭司做仪式，这口井称作"厄比"。正如在"苦扎扎"节日中所述，哈尼族村寨过节做仪式之前必须要到建寨的水井中打水。而段氏在因远时期，已经有了属于自己村寨的水井，并且段家村还有了哈尼语称呼，至少可以说明段氏当时已经开始当地文化相融。二是：段氏在因远居住的后期已经开始出现父子联名制。父子联名制是彝语支民族常见的习俗，因远附近的哈尼族也保持着这一文化特征，即儿子名字的第一个字与父亲名字的最后一个字相同。

---

[1] 分水纪念碑碑文节选。
[2] 白族当时自称"民家"人。
[3] 龙洞井指出水较大、水不断往外冒的水井，与从山里渗出来的水所砌水井不同。

据螺蛳寨段氏一支的家谱记载,从因远到竜宾段氏先祖的名字为:段永-段龙-段盟-段奴登-段者浩-段浩沘-段沘者。其中,段浩沘的墓碑出现在竜宾,浩沘是者浩的联名,且段奴登这个名字已经开始具有哈尼名字的特点。由此可见,段氏家族在因远后期,其文化中的某些因素已经逐步趋向于当地的哈尼族。有意思的是,笔者在访谈中的得知,一般哈尼族有两套名字系统,也就是一个哈尼族男性会有两个名字。其中一个名字是别人知道并且可以称呼的,而作为父子联名的这个名字取名慎重,必须父子联名但又不能与祖先的名字重复。父子连名制是哈尼族记忆祖先的方式,为了避免他人知道自己的祖先而造成对家族的伤害,哈尼族的父子联名一般不让外人知道,更不能被直接称呼。段氏家族虽然习得了哈尼族取名的规律,但并不畏惧被人得知其父子联名,既表明了段氏对哈尼族文化的掌握又体现出段氏祖源与哈尼族相异。如果说段家村拥有哈尼语名称还不能断定这是段家主动融入还是被动接受当地哈尼文化,那么从段家后人使用父子联名制便可得知段家人在与当地人接触中对文化的自主选择性。

2. 竜宾时期

竜宾是一个以汉族为主的村子,周围被哈尼族村寨所包围。段氏迁居到竜宾村虽然只有短短几十年,但这一时期吸收了许多竜宾汉族的文化,以汉族文化为显性特征。同时也延续了其在因远时期的一些文化特点,形成了一种混杂的文化局面。

一方面段氏主动与汉族接触学习汉族文化,主要表现为达竜宾之后开始学习当地汉族供奉"天地国亲师"的祖宗牌位,学习汉族祭祀祖先的方式并且与汉族通婚建立姻亲关系。直至今日,段家对其在竜宾时期所建立的姻亲关系及其他拟制亲属关系还有强烈的认同感。另一方面,段家又通过一些其他的文化表征将自己与汉族区分开来。主要表现为"建竜林"。段家搬到竜宾之后,该村形成"前八家",即由八个姓氏组成,除了段氏之外还有从垤玛乡搬过来的哈尼族宗氏,其余六姓均为汉族。不同于汉族习俗,段氏又与从垤玛乡搬来的哈尼族宗家共同主持祭竜。祭竜指祭祀竜林,是这一区域区别于汉族的少数民族传统。历史上这一区域有傣族居住,哈尼族进入之后傣族搬离。傣族、哈尼族都有祭祀竜林的习惯,祭祀竜林是为了保佑村寨人畜兴旺、五谷丰登。段氏在因远居住时与哈尼族的交往中掌握了祭竜的文化习俗，到达竜宾建立竜林并与哈尼族宗家共同主持祭祀仪式。在段氏的家族记忆中，认为其他汉族六姓也参与过祭竜，但是汉族主持祭竜会导致谷粒干瘪、收成减少，以此来声明段家人与汉族祖源的差异。

3. 螺蛳寨时期

螺蛳寨原本不是一个独立的村寨，当时该地只有姓白的一家人在此居住，隶属于哈尼族聚居的打洞村。段氏搬迁至此，按照哈尼族建寨习俗与白家共同建立并开始讲哈尼语、穿哈尼衣、过哈尼节，以哈尼文化为显性特征，但同时也保留了部分汉人的习俗。

段家从竜宾搬来与白家居住，按照哈尼族风俗与白家共同树立竜林、建立村寨并与白家兄弟相称。段氏至今将第一个搬到螺蛳寨的祖先称为"东塔阿布"，这一称谓本身就有浓厚的哈尼族特色。哈尼族本身为山地民族，对山的分类明确。哈尼语把一座山分为"东—角—洞"（即山上—山中—山脚），其中"东"指山上；"塔"有"上方"的意思，"东塔阿布"指住在山上的爷爷。有意思的是，哈尼族建寨通常在山腰，而段家虽然按照哈尼族的习俗与白家共同建寨，但其后便倡导将寨址往上迁移。段家所选寨址有一水塘且水塘背后的山峰取名"笔架山"，这一具有风水意味的名称和寨址选择将段家与无文字社会的哈尼族区别开来。此外，前文提到段氏在因远、竜宾时期已出现父子联名制，但是段氏家族在螺蛳寨根基稳定之后开始兴修家谱、重新追溯祖源，反而没有继续使用父子连名制，例如"段来崇 - 段必忠 - 段世康 - 段好福"四代人名。

（三）节日并接与族属确定

节日既是一个社会的整合机制，又是一个社会的排斥机制。节日可以将不同的人群整合在一起，参与同一节日的人群可以称为一个整体，而这一节日之外的人群同时也就成为了这个整体的他者。段氏在三次迁居过程中，所过节日不同，也就被整合到了不同的民族之中，有了三种不同的族属身份。换句话说，段家所过的节日是其族属身份的表征。

在因远的时候么，我们是白族，过白族节"三月三"，前些年我们去已经改成叫"米干节"了。我们来到竜宾么就变成了汉族，天地国亲师也供着，六月二十四也过,春节也过。等搬到螺蛳寨么就彻底变成哈尼族了,开始就过"苦扎扎"六月年,就像汉族过冬大年一样,我们哈尼族节日最大的就是六月年了。[1]

段氏以白族[2]的身份来到因远,开始学习哈尼族文化;到达竜宾学习汉族文化并保持了哈尼族文化的特征;搬至螺蛳寨以哈尼族文化为显性特征,同时兼具汉族文化特点。虽然段氏承载了多种民族的文化特征,但是其在各地域有其显性的族属认同。段氏认为其在因远时还是白族,到达竜宾之后变为汉族,而搬迁至螺蛳寨之后改为了哈尼族。段氏在各地区的族属认同,代表了与各地方社会的融入,族属变更的标志是节日的变更。

段氏认为其在因远时期属于白族,与哈尼族分属两个不同的群体,主要过"三月三"节。当时因远有白族"八甲",虽然周遭被哈尼族包围,两个民族相互通婚、语言相通,但也形成了一种"大杂居、小聚居"的格局,白族社会自成一体。段氏在因远后期,虽已开始使用哈尼族的父子联名制、习得哈尼族文化,但因与其他白族同过"三月三",认定自己为白族。"三月三"如今已被视为因远镇白族的特色节日,由于当地白族擅长做米干这种食物,2007年因远镇政府组织当地人在农历三月三日举办"米干节"。可以说,他们之所以能保持自己的白族身份,与其独特的节日符号有很大关系。

然而,当段氏迁出因远镇到达竜宾之后,便开始与因远镇的白族分道扬镳了。段氏在竜宾与汉族共居,不再过"三月三"转而跟随当地汉人过春节和"六月二十四"。如前文所述,事实上段氏在这一时期一直使用具有哈尼符号的父子联名制,甚至还与同为哈尼族的宗家主持祭竜。但是,为了主动融入当地的主体社会,段氏通过与汉族的节日共享主动参与到汉族的社会活动中,自己的族属认同从白族改为汉族。后来迁至以哈尼族为主体的打洞村并与白家建立螺蛳寨共同庆祝哈尼族节日之后,段氏以哈尼族的身份成功获得了在这一地域居住的合法性。自此,段氏将自己的族属身份认定为哈尼族。

有意思的是,在访谈中,段氏将过哈尼族的"苦扎扎"节与过汉族的春节看做类似的节日。段氏对节日的看法正好表达了其节日观是:更加注重节

---

[1] 访谈资料,段宝德。
[2] 当时称为"民家"。

日社会整合的功能。段氏通过春节变为汉族融入竜宾村的社会生活，又通过"苦扎扎"等节日变为哈尼族建立螺蛳寨的社会秩序。段氏家族在竜宾和螺蛳寨所过节日，更像是一种节日的"并接结构"。马歇尔.萨林斯（Marchall Sahlins）在《历史之岛》一书中提出的"并接结构"，"意在表示在一种具体的历史脉络中，文化范畴在实践上的实现"。[1] 段家在不同时期的节日实践可称之为"节日并接"，指通过参与当地人的节日庆祝而在具体的历史中融入了当地社会的秩序中。这种节日并接与族属的变更，是参与到当地社会结构并被本土民族所认可的一种方式。

（四）家族记忆与"麻批麻普"

节日蕴含着有强大社会整合功能，可以动员地域内的不同群体参与。但是，与此同时，不同族群与节日有关的神话体系及文化内涵的差异又恰恰成为了一个地域共同体中不同族群的边界。在前文中，笔者已经提到段氏家族在哈尼族群体或在汉族群体之中的特殊性。段氏对三次迁居的记忆都变现出对其祖源认可的模糊性。第一次认为祖宗是汉族与白族的结合后变为白族，第二次认为祖宗从白族变成了汉族，第三次认为祖宗从汉族又称为哈尼族。这种祖源记忆的模糊性本身就是一种"麻批麻普"。但是段家在迁徙过程中，显然更加注重强调其作为大理段氏的身份。究其原因，段氏在与其他民族的交往过程中既主动靠近其他民族，但又通过其独特的家族记忆及祖源认同，在融合中确立族群的边界。

> 我家在竜宾原先是不夷不汉的汉族，么就是现在到了螺蛳寨过年献饭的时候，必须在门口、床头柜上、村口或者是楼梯口、灶房里的水缸上，撒几枝松树枝。使用松树的这些人，说明原先是汉族祖先。不用松树这些，用哈巴树的，就是正宗的哈尼族的"咪央"的四姓。"咪央央朋朋"就是垤玛老王家，"咪央央宗宗龙"就是老周家，"咪央央村村那"就是老杨家，"咪央央齐齐开"是老李家，这四姓一般过年过节都用哈巴树。我们老段家在过六月二十四时候不兴点火把。六月二十四，叫魂的时候有些杀鸡，有些杀鸭子。

---

[1] 马歇尔.萨林斯.历史之岛[M].蓝达居，张宏明，黄向春，刘永华，译.上海：上海人民出版社，2003.

在门口抬着一碗米,一个一个呢叫魂。我们家里都叫魂,但是火把不兴点。属于老段家的人,一点着火把就是不信孝、不信忠。没有改为哈尼族,做汉族时候也过,凡承认是老段家的人,六月二十四就是不兴点。听说是有一个"段柏王火烧嵩明楼"的故事。

像我们家这种,汉族的风俗也掺着一点,哈尼族的风俗也掺着一点,用汉话讲么是"不夷不汉",哈尼话来讲么是"麻批麻普"。总体来说,我们家老段家就是半信半假的,老祖先不同么。我们就说我家老段家是汉族汉族不兴,民族民族的不通,成了半信半假的"麻批麻普"。汉族的规矩也不兴,有些兴有些不兴,要兴么头上的(祖宗)又融不起来。[1]

通过访谈资料,可以看出段氏在竜宾作为汉族时,保留了哈尼族的文化特征;在螺蛳寨作为哈尼族时又坚持与哈尼族祖源不一致,并且以"松枝"等物品来表明自己曾经作为汉族的身份。段氏所过"春节"或者"苦扎扎"节,只是有过节的程序及功能,并不具备节日背后原本蕴含的文化内容。但是段氏又给节日赋予了新的文化内涵,即在节日特殊的表征中将自己在当地"麻批麻普"的身份凸显出来。无论选择了什么族属过什么节日,段氏始终坚定自己作为大理段氏家族后裔的祖源记忆,这种祖源与汉族不同、与哈尼族不同,虽然族属不断变更,但是作为大理南迁的段氏身份不会改变。访谈中,段好福特意强调了"六月二十四"时[2],段家人为了纪念先祖不点火把的节日仪式,其中提到"火烧嵩明楼"的故事,并将故事的主人公称为"段柏王"。事实上,"火烧嵩明楼"的故事在滇东北、滇西、滇中、滇南一带流传甚广,但故事版本甚多,故事主人公多被称为"柏洁夫人""柏洁圣妃""慈善夫人"等。笔者在此无意于深究螺蛳寨段氏的故事版本是否有史书可考,但是其将故事主人公称作"段柏王"深刻体出螺蛳寨段氏对其作为段氏身份的祖源记忆的主动选择及强烈认可。段氏特殊的祖源记忆也成为其对汉族或哈尼族祖源及神话体系的一个排斥机制,因此段氏虽然同过过什么族的节变为了什么族属,但是又在这种族属流变的过程中强调了自己特殊的族群身份,从而变

---

[1] 访谈资料,段宝德。
[2] 该节日,有些地方是农历六月二十四过,有些地方是六月二十五过;有些地方将其称作"叫魂日",有些地方将其称作"火把节"。

为了如今所称的"麻批麻普"。

四、结语

表1 段氏家族迁徙路线与文化选择

	主要节日	族属	异质的文化符号	文化特征	家族记忆
大理—因远	三月三（米干节）	白族	父子联名	白族、哈尼族	段氏家族
因远—竜宾	春节	汉族	建竜林	汉族、白族、哈尼族	段氏家族
竜宾—黑树林	苦扎扎、十月年、祭竜	哈尼族	笔架山、松枝、修家谱	哈尼族、白族、汉族	段氏家族
	变\麻批麻普	变\麻批麻普		变\麻批麻普	不变\麻批麻普

表1记录了段氏三次迁徙过程中所过节日与族属身份的关系。段家在不同时期都有多重文化属性，但是其族属确立是以所过节日为表征，然而在某种确定的族属身份之下总是包含着异质性的文化符号。在段氏的迁徙历史与记忆中，节日变了、族属变了、文化的显性特征与多重内涵也变了，唯一没有改变的是其特殊的祖源记忆。而这种祖源记忆的恒定，促成了段家的节日、族属及文化特征的"麻批麻普"。

"麻批麻普"至少有四层内涵。首先，虽然段氏坚定其为段氏家族，但是段氏家族祖宗源头本身就不是纯粹的汉族、白族或者哈尼族，段氏的祖源本身具有模棱两可的模糊性；第二，"麻批麻普"是"不夷不汉"的意思，指段家曾经做过白族、汉族、哈尼族，承载了多族群多地域的文化特征，但祖源既不是汉族又不是夷族；第三，"麻批麻普"也成为段家在螺蛳寨的自称和他称，一定程度上段家在螺蛳寨已经成为了一个特殊的族群，这个族群就叫"麻批麻普"；第四，"麻批麻普"代表着段家的主动选择，段氏通过节日与地域融合，又通过节日中特殊的表征来凸显其特殊的身份，使得段家以一种"麻批麻普"的身份获得了在这一地域中身份的合法性。"麻批麻普"这种中间状态，在节日当中形成，节日既代表了地域的融合，又凸显了族群的边界。

巴斯认为稳定的族际关系一般必须对互动加以一种结构化，即需要有一套对于接触的情形加以管制的规定，既要允许某些活动领域的沟通，也要避免在某些领域发生族际互动，以免文化的某些部分发生对撞和变异。在段氏家族的个案中，节日并接结构就是这样的一套机制，一方面段氏充分运用了节日的社会整合功能，通过节日促使其自身对地域的融合，另一方面巧妙地回避了节日中所体现出来的具有族群性的神话体系与深层文化内涵。但是，特别的是，段氏在节日中回避异族群文化内涵的同时，强调了其特殊的祖源记忆，主动选择了一种"麻批麻普"的身份。

回到文章开篇所提出的问题，黑树林地区的段氏家族作为少数民族区域的少数群体，通过节日实践构建了其"麻批麻普"的身份。一方面获得了地域的合法性，另一方面又合理保持了族群的边界。体现了段氏与一个国家的主体民族——汉族发生互动时主动的文化选择，同时也体现了段氏与一个地域的主体民族——哈尼族发生互动时主动的选择。在这一个案中，作为少数群体的段氏在族群互动中不仅没有被置于边缘，反而体现出其在互动中的主体性。

扬供水族霞节：家族的当代实践与地域权力重塑

李建明

摘要

本研究通过贵州三都县扬拱水族霞节仪式过程，来探讨其背后杨氏家族在当代的家族实践，以及由此产生的扬供杨氏家族与都柳江、樟江流域水族村寨的互动与社会交换。霞节在历史上有被"偷请"的文化习俗，即哪个村寨获得霞神便获得节日祭祀权，处于该区域的节日中心地位。然而随着历史的变迁，偷神的习俗逐渐式微，在当下的实践中已经获得节日祭祀权的杨氏家族，通过复兴霞节来巩固本家族节日权的核心地位，同时通过霞节祭祀中的家族实践来强化其与周边村寨之间的联系。研究认为在当代的实践中，扬供杨氏家族通过霞节复兴既巩固了本家族在霞节核心区的节日权的中心地位，同时通过杨氏家族的祖先记忆拓，展了杨氏家族与周边村寨之间的社会交换。继而实现了从节日"偷请"而产生的地域权力转换到通过霞节家族能动性的实践，来主动确认地域权力关系在当下的塑造，确立了节日、家族与地域权力之间的边界与互动关系。

关键词

扬供霞节 杨氏家族 节日实践 地域权力 边界

李建明，云南民族大学助理研究员。

本研究受文化部民间文艺发展中心《中国节日影像志》项目资助，项目编号：YXZ2015011，系云南民族大学 2014 年省部级人文社会科学重点培育项目"民族工作研究基地"的阶段性成果。

一、引言

2015年7月24日贵州三都县扬拱乡[1]扬拱村过霞节，节日规模盛大参与者众多。扬拱霞节以扬拱大寨杨氏家族为核心，六年为一个周期进行大规模祭祀，上一次祭祀要追溯到2009年而再往前追溯则要到解放前。在先前霞节的研究中，笔者就霞节祭祀圣物——霞神石的偷请现象进行过详细的阐述[2]。笔者认为历史上霞神的"偷请"导致了区域之间祭祀权力中心的转移，继而出现地域共同体以竞夺节日祭祀权而展开的地域共同体整合，最终在竞争的过程中促成了地域共同体的生成。莫斯认为礼物交换中存在的送礼、还礼的义务物促进了共同体之间的社会关系交换，礼物作为一种整体性社会事实是社会的一种总体性呈现。[3]与之不同的是，偷请神这种以竞夺圣物为目标的物品流动，与以礼物交换为中心的共同体交换方式有着较为显著的差异，霞节偷请神文化现象可为人类学交换理论提供新的民族志材料和研究思路。然而，在半个多世纪的社会变革中霞节作为水族祈雨的重要节日却逐步淡出人们的视野，对于霞节的讨论多体现在理念和当地人的话语中。近年来大规模进行霞节祭祀的村寨所剩无几，直到2009年扬拱杨氏家族试图恢复这一延续了很久的霞神祭祀传统。在扬拱霞节的恢复中杨氏家族起到了很关键的作用，可以说扬拱霞节几乎成了杨氏家族的节日。一个节日其边界和家族边界有着极高的重叠度，这对于重新理解水族地域共同体的生成机制有着新的启发，同时对于历经社会变迁后霞节的重新恢复与当代人的实践提供了鲜活的个案。因此，观察和思考便因这些丰富的现象而深入。

对于近期重新恢复的霞节我带着几许期待，也带着很多问题。经历了半个多世纪后霞节的偷请习俗是否还存在？霞节偷请带来的地域祭祀权中心的转移是否还是调节地域共同体生成的动力？以及基于上述问题而产生的村寨之间的关系又是怎样？带着诸多疑问我亲历了这一规模盛大的祭祀活动。在

---

[1] 近期扬拱乡在撤乡并镇的过程中并入临近扬拱乡的三都县九阡镇。由于乡镇改名是很近期的事情，在采访和调查中当地人仍然使用扬拱乡的概念来言说当地的社会、文化生活，本文沿用扬拱乡便于从当地人的解释体系去理解一种地方感和民间社会。
[2] 张小军,李建明.权力互竞交换共同体——贵州水族霞节、艾节和善节的个案研究[J].民族研究,2013(2).
[3] 莫斯,马塞尔.礼物——古式社会中交换的形式与理由[M].汲喆,译.陈瑞桦,校.上海：上海世纪出版社,2005.

参与过程中我发现节日"偷请"的文化现象逐渐式微,而随之兴起的则是杨氏家族在节日实践中,通过"垄断"扬拱大寨霞节来拓展其与周边区域之间的互动关系。节日、家族与地域之间通过生产边界,既达致扬拱杨氏家族与周边村寨进行节日互惠的目的,同时又在霞节祭祀中重新确认杨氏家族节日祭祀权的中心地位。通过再造和重塑杨氏家族的祖先记忆以及扬拱霞节与杨氏祖先之间的神话故事,来确认杨氏家族在该区域的核心地位,通过生产节日—家族边界来达到与周边村寨既相互区别又联合互惠的目的。

二、霞节与杨氏家族:节日祭祀权的确立与家族的地域权力扩张

1. 霞节由来与扬拱霞节的仪式过程

霞节,是盛行于贵州黔南都柳江和樟江流域水族地区的祈雨节日,这一祈雨节日尤其盛行于三都九阡、扬拱一带,图一标注了霞神的数目及分布。霞神的祭祀并非是年度性的,不同区域村寨共同体对霞神的祭祀时间跨度各有不同,一般是在水族历法九月、十月(农历五、六月)举行,有两年、六年、十二年等循环周期[1]。

表1 霞节的分布[2]

县乡	霞神数目	组成霞神祭祀的村寨共同体	的丁数
三都县九阡镇	5	母改、上板闷、水答、姑潭、大水叶、板拉、姑内、伍略、引头、老寨、底各、邑环、姑养、抗甲、大寨、板里、姑牙、高农、汉和等20个村寨。	12
		板南、吉佐、引抗、雨邑、板哄、井麻、板高、的系、姑纽、弄里、枚红等13个寨子。	12
		下板闷寨	3
		石板寨	3
		水昔:拉写、拉蛇、下拉绍、荔蒙	3

---

1 潘朝霖,韦宗林. 中国水族文化研究 [M]. 贵阳:贵州人民出版社,2004.
2 张小军,李建明. 权力互竞交换共同体——贵州水族霞节、艾节和善节的个案研究 [M]. 民族研究,2013(2).

(续表)

县乡	霞神数目	组成霞神祭祀的村寨共同体	的丁数
扬拱	1	姑霞、扬拱大寨、扬拱中寨、只合、努拉、姑详	4
荔波水利	1	水岩大寨、岜采、拉干寨、抵河、上拉小、下拉小、上水降、下水降、母达、董红、拉吕、上岜忙、下岜忙	13
永康	1	德门寨、吉流寨、拉柳寨	3
水尧	1	水捞寨、拉党寨	2
佳荣	1	拉亮寨	1

霞节是以祭祀一块具有能够带来雨水和丰产能力的神石形成的，霞神石外貌有似人形或者猪首状的，因此霞神石也被称之为"母猪霞"。历史上，霞神作为水族一些区域的祈雨丰产神被当地人所崇敬。霞神并非只有一个，其数量以祭祀联合体为单位，有的霞神祭祀圈是由二十几个村寨联合祭祀，而有的霞神则是十几个或者几个村寨联合祭祀，更有霞神是以单个村寨为单位进行祭祀的。获得霞神石的村寨处在霞神祭祀权的中心地位。也就是说霞神的祭祀分为两个祭祀阶段：第一个阶段是真的霞神的祭祀，其过程是私密的，只允许少数有权威的人们参与，而在第二个阶段即公开祭祀霞神则是要最大可能的让更多的人参与。公开祭祀霞神时，那些获得霞神祭祀权的村寨便要按照等额的献祭物品（一般主要为猪肉）集体祭祀霞神。据说，如果哪个村寨多献祭猪肉，那么该村寨会更多的获得霞神的青睐，霞神一高兴就会偏心给这个村寨多赏赐一些雨水。为了保证每个村寨雨水分配的公平，祭祀霞神的物品需要等额配置。这种祭祀等额的配置从效果上来看，既保证了同一霞神祭祀圈内各个村寨之间共同的祭祀权力，同时也保证了祭祀圈内村寨之间的平等关系。当然，拥有霞神的村寨本身在祭祀霞神过程中始终具有优先性。霞神的祭祀一般要在一个特定的山坡上进行祭祀称之为霞坡，霞坡也具有神圣性。祭祀霞神的人们认为如果在祭祀当日下一些小雨，则说明献祭给霞神的物品霞神已经收到了来年雨水一定会很好。此外，霞神祭祀期间人们还要将发情的母猪扔进烂水田里，让充满力量的年轻人跳进烂田里嬉戏母猪，甚至模仿交配等夸张的动作。特纳认为，仪式中的反结构其目的在于，

通过进入阈限或交融的状态从而实现确认社会的正常秩序，同时使得社会从旧有的结构过渡到一种新的结构状态。[1] 戏猪的仪式过程通过人与动物的混融、以及伦理的反结构状态来激发大地的丰产力，同时通过霞节戏猪的反结构活动使得社会进入新的结构状态，即逐渐衰减的大地丰产力再次被激发从而进入新的丰产状态。最终哪个有本事的年轻人将母猪抢到手里，母猪就归属于谁。这样的嬉戏，目的在于试图借助母猪强大的生育力量和男性强壮的身体力量共同注入稻田里，以此换取稻田的丰产。

我在 2015 年 7 月 20 日入住扬拱乡扬拱寨，参与扬拱霞神的祭祀。扬拱乡扬拱寨是由杨姓家族所组成的四个村寨联合体。扬拱霞节以六年为一个周期，即举办下一个霞节的周期是在第七个年头。扬拱霞神上一次的祭祀是在 2009 年 7 月 7 日，而更上一次的祭祀则要追溯到六十年前（即 1949 年）。经历了六十多年的历史变迁扬拱的真霞神得到了完整的保存，如今完整保存在霞公杨六甲[2]家里。正是因为有了真霞神的存在，霞节才能重新在扬拱恢复。霞节的恢复使得扬拱杨氏家族在水族地区有了属于自己的节日，从而结束了几十年无地域性节日可过的尴尬。

水族地区的节日有地域化的特征，即每个区域的水族所过的节日与其他区域的水族所过的节日是有所区别的，而且每个区域只能过属于自己的节日。从大的流域来看，分布在都柳江流域的水族主要是过端节、分布在樟江流域的水族主要过的节日是卯节。因之水族有"过端不过卯，过卯不过端"的习俗。在这两个大的节日之外，一些水族地区还过艾节、霞节等节日。正是在这样的节日地域化背景下，某个村寨是否有节日可过、过什么节日显得格外重要。分布在都柳江流域的水族以兄弟表征的神话故事形成七个批次的端节，从第一批次的端节到第七个批次的端节其周期长达一个半月时间。在这一个多月时间内各个批次的村寨之间相互拜访、交流，在村寨里他们吃酒待客、在端坡他们赛马、唱情歌逐渐形成了一个以过端为节日象征的强村寨联盟。在樟江流域，以卯节为主要节日的水族村寨逐渐形成了四个批次的卯节。在一个多月的时间里村寨之间相互拜访、交流，逐渐形成了樟江流域次强村寨联盟。

从节日形成的时间上看霞节更为古老，而随着端节和卯节的兴起过霞节

---

1 [英] 维克多·特纳. 仪式过程 [M]. 黄剑波，译. 北京：人民大学出版社，2006.
2 本文所用姓名均为化名。

的村寨在地域节日交换中则逐步走向了较为边缘的村寨联盟。在历史的不断交流和融汇中，以霞节为主要节日的村寨共同体有些加入了端节、卯节的交换中，而有些村寨则选择了只过霞节的习俗。由于霞节的周期比较长并非年度性节日，因此只过霞节的一些村寨逐渐在水族地区减弱了节日的象征话语权。在扬拱的采访中有一位扬拱大寨的年轻人告诉我：

我们不过端节和卯节我们这里只过霞节，但是我们的霞节是六年一过，但是前些年一直都不过。他们的端节和卯节是年年过，有时候我们会去参加他们的节日、会去端坡看赛马会去卯坡看唱对歌。可是我们这里的霞过的太慢了平时就没得什么节日过，春节也不过，人家平时每年过节日的时候我们只能凑热闹。

从这位年轻人的话里可以感受到，霞节地区的村寨节日因周期较长流行范围有限，而在地域的节日交换中处于较为边缘的位置。然而他又高兴地告诉我：

最近几年寨子里的人都想把霞节过好，也不知道以前怎么就定的六年一过，但好歹我们的霞神还是完整保留的了，这个霞神可显灵了，每次只要祭拜都会给我们带来雨水和福气，这可是别个（指过端节和卯节的村寨）赶不上的。他们的节日都没有神石可祭拜了，我们的神石都上过电视的，很多记者来采访，现在知道的人越来越多了。我们杨家搬出去别个地方的现在只要祭拜霞神都过来拜神，还来拜我们杨家的老祖宗我们杨家人去别个地方做客也就有了落脚吃饭的地方了，总不能我们去白白吃一顿人家来不了，霞神今年要好好的祭拜，也会保佑他们的后代和庄稼长得好。

从这段话里可以看到，虽然村寨节日周期比较长但是神石的完整保存对于扬拱大寨来说是一件非常值得夸耀的事情。而杨氏家族也是通过这块霞神将端节卯节区域的杨氏本家牵连在一起。整个霞节都是围绕着杨氏家族认祖归宗和霞神求雨而开展的。

扬拱霞节的仪式过程包括两个主要的环节：首先，是以杨氏家族为整体的认祖归宗仪式。霞节期间，扬拱杨氏家族邀请了分布在都柳江和樟江流域其他村寨的杨氏家族成员前来过霞节。这些前来过霞节的村寨会在祭祀霞节当日以杨氏家族四个祖先杨雷公、杨选公、杨留公、杨勇公的名义从霞坡的四个方向进入霞坡，进行祭拜活动。强调扬拱杨氏家族的四个祖先以及对四个公的纪念是扬拱霞节最重要的环节之一，本次霞节期间来自端节流行区域的很多杨氏家族成员前来祭拜扬拱杨氏四位祖先，其人口规模盛大，超过五百张面包车、一万多人参加了此次的祭拜活动，这些祭拜者在来到扬拱杨氏家族霞节之前做过精心准备，统一购买印有"扬拱杨氏霞节"的T恤、前来参加扬拱霞节的杨氏后裔们还制作了一块祈福扬拱霞节的石碑立在霞坡，同时祭拜的队伍还赠送了认祖归宗的牌匾给扬拱杨氏家族。为了确保7月24日霞节顺利祭祀，前来参拜的杨氏后裔提前一天来到扬拱大寨，敲锣打鼓进行了两次彩排。为了安排几千人的住宿和饮食，扬拱村也是做足了准备，每家每户都安排满了前来认祖的杨氏后裔。扬拱杨氏家族还特意邀请了几只歌舞表演队在祭拜霞神的前一个晚上在村寨里表演，以供前来祭拜祖先的其他村寨杨氏后裔娱乐。整个村寨沉浸在节日的欢快中，时刻传来"咻！咻！咻！"的举杯豪饮和节奏有序的铜鼓敲打声中。夜半还放起了烟花，整个村寨沸腾了起来，人们都为次日的霞节而期待。举杯中说得最多的便是"我们都是杨家人，以后要常来常往"等话。次日，认祖和拜霞的队伍按照杨氏家族四个祖先杨雷公、杨选公、杨留公、杨勇公后裔分成四个队伍，每个队伍抬着一百二十公斤陈年米酒、一百二十公斤熟猪肉分东西南北四个方向向霞坡出发。游行的队伍中妇女们身着华丽的水族服饰，使得整个祭拜场面壮观无比。其中，有一支队伍还有专门从扬拱大寨的古井里取一坛子水前往霞坡，据称这坛子水代表了杨氏家族在扬拱扎根打的第一口井。祭祖与祭祀霞神在后续的仪式中便混为一体，以杨氏家族为唯一的祭祀群体，以霞神为庇佑的主体。扬拱霞神的祭祀同时实现了杨氏家族祭祀祖先的目的。

其次，是扬拱杨氏家族祭拜霞神的仪式。扬拱霞神分为真假两个霞神，真的霞神保留在扬拱大寨霞公杨正甲的家里，据说这位霞公家作为下真霞神的保管者已经有很多年的历史了。现在，真霞神一般都是供奉在霞公杨正甲家的堂屋里，不再像过去那样要特别的埋藏在某个地方等到了祭拜的时候才拿出来。真霞神长得十分精巧，体积较小，有点像是猪首又像是一顶有细脖子的钟。当霞公把一块红布系在霞神的脖子上时霞神显得精致而又庄严。如果有人要来参观或者参拜真霞神，需要带一些礼物和现金专门请霞神，否则霞公是可以拒绝给参观或祭拜的人看霞神的请求的。在扬拱霞神祭祀的前一晚上，很多扬拱以外杨氏家族的后代都前往霞公家进行祭拜。每个祭拜的人都会在霞神面前放一些钱财表示尊敬，每个祭拜者手持香将内心中的愿望寄托在手中的香上，祈祷完毕插在霞神前面的香盒里。前来祭拜的人越来越多，人们久久不愿离开，妇女们干脆围城一个圆圈开始唱水歌以此娱乐霞神。人们将内圈的妇女们围在一起静静地倾听妇女们的水歌，主唱带头唱完一曲边儿上的妇女们就会附和几句，多声部的歌曲表达使得整个屋子都渲染着祭祀霞神前的浓厚氛围。假的霞神则矗立在霞坡上，其外貌犹如真霞神，但其体积则相当大，宛如一个修炼的道士端坐在霞坡顶上。虽然所有人都知道这块霞神是真霞神的替代品，但是所有人都认为假霞神也是神，也会庇佑当地人，假霞神的脖子上也系这一块红布。当霞节到来时，真霞神就要被霞公和迎接霞神的队伍请到霞坡上与假霞神相会，于是便会同时一睹真假霞神的真面貌，这一相会六年才能实现一次。水书先生们届时会端坐在霞神面前进行祭祀和祈祷。水书先生将两只公鸡放在祭祀台上，在祭祀和祈祷的过程中必须要通过祭辞使得公鸡打鸣，随着公鸡的打鸣声天空中开始飘起了小雨。根据霞节的祭祀惯例，霞坡祭祀时山上要飘过一些小雨则是表示祭祀非常成功，霞神接受了人们的祭祀和祈求，会保护祭祀者村寨人丁兴旺、大地丰产。此外，扬拱霞节祭祀期间，人们还在霞坡附近的稻田里放了很多鲤鱼，人们在祭祀霞坡时开始争抢田里的鲤鱼，得到者被认为是获得了好的运气。同时，还会在另外一块靠近霞坡的稻田里放几十只鸭子和一头发情的母猪，几个精壮的小伙子会在母猪扔到烂田的过程里下去戏母猪和争抢鸭子。在当地人看来，母猪代表着多产，而年轻人则代表着力量。这样的嬉戏仪式会将丰产的力量传导给大地，使得稻田今后的生产能力大大提升从而获得丰产。祭祀仪式结束后，青年男女三五一团聚集在一起开始水族情歌对唱，从远处望去，整个山坡被五颜六色的雨伞所点缀着。霞坡的情歌对唱也被认为是丰产的一种表现。如果戏猪是稻田的丰产，那么霞坡的情歌对唱则是社会的丰产。接近夜色黄昏，霞坡祭祀仪式进入尾声。

2. 偷神与祭祀权

霞神祭祀主要集中在水族九阡和扬拱区域,表一显示在这一区域霞神并非只有一个。不同村寨或村寨联合体形成一个霞神祭祀的信仰圈,因此霞节也是有不同的时间和区域性。但是,并非所有的村寨都有霞神,因此并非所有的村寨都有霞节可过。事实上尽管霞神有若干个,但相对于九阡和扬拱区域来说还是很稀缺的。因而衍生出"偷请"霞神的文化习俗,即某个村寨的霞神石有可能被其他村寨所偷请过去。此时被偷的村寨只能通过相同的文化手段将其索取回来,却不能采用武力手段将其夺回来。而偷请到霞神石的村寨则获得了霞神祭祀的权力,随之也处在霞神祭祀的中心位置,失去霞神的村寨便处在了霞神祭祀的边缘位置。

霞神作为具有不可让渡性的圣物,会被获得祭祀权的村寨小心看管,更有村寨会寻找一块假的石头来迷惑偷请霞神的外来村寨。[1] 因之存在真假霞神,真霞神只有看管霞神的霞公知道所藏地。每当祭祀霞神的时候霞公和水书先生要在祭祀日的半夜秘密将藏好的真霞神请出来祭祀,然后又由负责看管霞神的霞公藏起来,天明时进行公开的霞神祭祀。此时霞神祭祀的规模盛大参加祭祀的人也很多,但祭祀的对象并非真的霞神而是其替代物品霞神。

偷取霞节即是偷取霞节背后的神力——霞神石。其动因在于霞神石的稀缺性和其能够庇护某一区域村寨共同体的丰产和人丁兴旺。一般认为圣物具有不可让渡性,然而通过偷的文化手段却达到了圣物被迫让渡的后果。最终形成的结果是某一霞神信仰圈中的祭祀中心发生转变:处在节日祭祀权边缘甚至是霞神祭祀圈之外的村寨,通过偷神获得了祭祀权以及成为霞神祭祀的中心地位。而失去霞神的村寨则处在了节日祭祀圈的边缘位置,其结果是霞神信仰的区域不断在扩展。以该霞神为祭祀中心的霞节不断在扩展其祭祀圈的范围,使得过去不在该信仰圈内的村寨获得了节日祭祀权。随着历史的流变,以霞神为信仰的共同体是一个不断扩大的过程。偷神的文化习俗通过竞夺祭祀权的文化手段促进了该区域共同体之间的交流和互惠。在我的调查中就听到过很多关于过去祖先如何偷取霞神,如何因为本村姑娘嫁到别的村子,在丈夫的再三劝说下把娘家的霞神偷回来的故事。这些历史话语中无不显示

---

[1] 张小军,李建明.权力互竞交换共同体——贵州水族霞节、艾节和善节的个案研究 [M].民族研究,2013(2).

了当地人对于霞神偷请现象的包容和对偷请霞神文化规则的认可。因为，除了节日祭祀权的竞夺之外整个区域其实还处在一张无形的亲属关系网络里。弹性的亲属关系网络给竞夺带来的竞争关系增添了舒缓机制。最终形成在霞神的偷请过程中围绕祭祀权的竞夺而促进了共同体的扩展。

3. 扬供杨氏家族节日权的获得与地域权力的确认

在扬拱杨氏家族看来2009年霞神祭祀的恢复是杨氏家族一件非常重要的事情。当地人认为，霞节的恢复不仅给扬拱确立了在这个地方有节日可过，更是给了自己的老祖宗一个交代。在杨氏家族看来，扬拱霞节就是其祖先历史上迁居到此的一段历史记忆与扎根扬拱的集体情感呈现。在扬拱杨氏家族的集体记忆中杨氏祖先杨纳带领族人迁徙到扬拱最终选择在此处定居，而后随着开展农业活动并与当地居民通婚。随后通过神话叙事创立了扬拱霞节并将其与杨氏家族紧密关联起来。随着杨氏家族人口兴旺，以杨雷、杨选、杨留、杨勇四个家族祖先的集体记忆为历史蓝本霞节祭祀逐步成为霞节祭祀的主体。在扬拱村霞坡上立着一块很大的碑文，碑文如下：

扬拱杨氏霞节简况

很久以前杨纳公带着家小到扬供定居。纳公生有四子，分别取名为杨雷、杨选、杨留、杨勇。

杨氏家族从事农业生产。当时，气候条件恶劣，连年干旱，庄稼生长困难，纳公一家生活在水深火热之中，一天，烈日当空，纳公长子雷公在山上干活，突然听到"嗡嗡"声，有两颗形似鹅的石头在打斗，雷公想制止，便大叫一声，瞬间乌云凑集，狂风暴雨大作。雷公即将两颗石头视为掌握晴雨的神石（后称霞石）带回家中供奉，随后，扬供地区就风调雨顺连年丰收。经商议，最后将其置于霞山上，每逢农历丑年或未年举行一次大型的"祭霞"活动，采取水书"蛋卜"的方式选定日期开展活动当天即为"霞节"。

"霞节"那天，杨家四支（即雷公、选公、留公、勇公）都分别抬煮熟的肥猪、糯米和酒以及其他祭品到霞坡供奉，并开展一系列的祭祀活动，如龙井取水、路上撒神水、祭师"布希"、霞塘戏水、铜鼓表演、男女对歌等，丰富多彩，喜气洋洋。预示着年年风调雨顺、人和鼓收。

正值新中国成立六十年之际，蕴含着丰厚民族文化的"霞节"封存了六十年后，得到群众的积极响应和各级党委、政府的关心下，又得意传承和发展。

公元二零零九年七月七日

碑文的后边是扬拱后裔分布情况：

杨纳公后裔分居情况

杨纳公

杨雷公：邑告二户 岩寨三户 八开街上七户 孟东十八户 拉力七户 里乌寨七户 中寨一户 排捞寨一户 里友寨三户 里搞寨七户 坝街寨二户 吉雷寨二户 甲害寨三户 水便寨四户 甲小寨六户 上午寨十四户 登能寨二十户 滚渡寨十九户 甲少寨二十五户 水造寨十六户 古查寨二十六户

杨选公：抵案一户 板卯寨二十一户 水夜寨三十五户 子合寨五十五户 鲁拉寨四十三户

杨留公：西引寨九户 板央寨三户 坝街寨七户 滚渡寨一十三户 里古寨一十七户 平报寨二十六户 中寨寨四十七户 大寨寨五户

杨勇公：板桥寨四户 里搞寨四十户 甲害寨一十四户 甲路寨一十七户 邑了寨一十七户 中寨寨一十四户 板卯寨一十九户 板抗寨一十六户 大寨寨五十三户

这块碑文清晰的书写了杨氏家族自身对其家族、地域、节日的界定和塑造。在调查采访中我并没有看到杨氏家族的族谱，当地祖先记忆和祭祀中也并不存在关于家族族谱的祭祀。在每个独立家户的中堂都有"天地君亲师"（居中）、"供奉杨氏祖先"（居右）以及"高堂福主明神"（居左）的祖先牌位。这样的牌位不仅是扬拱，整个水族地区家户都会有类似的祖先牌位。从村寨一些具有两三百年历史的坟墓牌位看来，扬拱杨氏家族所居住的地方还有诸如李姓、石姓等其他姓氏，但是这里如今已经成为以杨氏为主的村落，鲜有其他姓氏。可以看到杨氏家族在历史流变中逐步成为扬拱村的主要姓氏成员。随着霞节的创立，杨氏家族在该地域环境中占据了主导地位，以祭祀求雨的节日方式杨氏家族占据了该地区节日的祭祀权。霞节的目的在于求雨，然则对于雨水的享用权则有明确的指向，就是扬拱地区供奉霞神的村落。节日自创立以来本身需要遵守当地节日偷请的文化规则，但扬拱霞神历史上从未出现过被偷走的现象。这也从侧面反映了杨氏家族的势力强大，其他村寨没有能力从扬拱偷走霞神。碑文上的故事讲述了杨氏家族四个兄弟祖先的故事，通过四个祖先来确定当前区域各个村寨之间的兄弟关系。王明珂认为"弟兄祖先故事"作为一种本土"历史"，其叙事内容不必是历史事实，但它的确在社会中造成社会现实，并强化这些社会现实。[1] 而碑文上的神话显示，杨氏雷公看到两块神石打架出手劝阻带来了雨水。文本随后逐步表明即使在家族内部也是有权力分配的，即杨雷在霞神祭祀中有重要的贡献。到今天为止，真霞神一直都是保存在扬拱村雷公后裔子孙的家里。当地人对此非常认可，认为雷公既是杨氏家族的老大，也是杨氏家族发现霞神的人，其后裔保管霞神的无可争议的。在霞神祭祀中，四个祖先的后裔上霞坡祭祀过程中雷公后裔所持霞神上山的队伍也是最有优先进入权的。尽管没有确切的族谱文本，但是这并不影响杨氏家族的家族实践。

杨氏家族通过霞节的集体记忆，不仅确立了杨氏家族成为扬拱地区居民的合法性，同时通过霞节创立的神话故事和历史记忆，确定了其祖先作为霞节的创立者而具有对霞节的优先祭祀权和垄断权。通过垄断霞节从而确立了以霞神祭祀为区域共同体之内的优越性。随着杨氏家族后裔的扩散，其后裔逐渐分散到周边地区。而霞神祭祀不仅确立了杨氏家族在该区域的祭祀权中心地位，更是拓展了其与周边村寨之间的交流与互惠。这些迁居到其他村寨的杨氏后裔在与这些地区村寨的交汇中逐渐开始过起了端节、卯节等节日，然而其本身承载的杨氏祖源记忆却又将其与扬拱霞节祈雨与祖先祭祀为主的节日连接在一起。

三、"偷神"文化的式微与杨氏家族当代的实践

1. 偷神文化的式微

前文已经论述，水族地区的霞节具有被偷请的文化习俗。偷请霞神的过

---

[1] 王明珂. 英雄祖先与弟兄民族——根基历史的文本与情境[M]. 北京：中华书局，2009.

程促进了地域共同体的扩展,以竞夺节日祭祀权的偷神过程使得地域共同体之间出现了有进有出的流动。然而,经历六十多年的停滞,很多地方的霞神已经消失。霞神祭祀也停留在了人们的记忆中。改革开放以来,端节、卯节逐渐恢复并且在民间的推动下恢复了往日的生机。我在这些区域的调查中也感受到了端节、卯节作为水族文化重要的载体其所承载的文化生命力。期间虽有政府的介入和主导,然而民间自有其文化逻辑和表达。即使面临文化搭台,经济唱戏的变革过程,端节和卯节依旧是水族人民最为重视的节日。节日期间氛围浓烈,我亲身经历的一次端节清晨空气中都洋溢着年节的气息,不仅让我想起春节回家过年的感受。不仅节日氛围浓郁,这些年很多村寨又不断在旧有的端节、卯节基础上分化出诸多更加地域化的端节和卯节日。节日的变迁显示了民间对于节日的追逐和喜爱的心态,使得节日更具有生命力。然而,霞节作为一个祈雨的节日其本身节日周期长,并非年度性,再加上霞节祭祀中的霞神逐渐消失。霞节祭祀基本处在一个衰落的过程中,我在都柳江和樟江流域的调查中也遇到过很多人关于霞节的记忆,以及霞节祭祀时有一棵大枫树的地标。但是,霞节在很多地方已经不再过了。一个很重要的原因是,其周期长且霞神丢失。因为这样的原因,霞神偷请的文化现象逐渐走向式微。近些年,杨氏家族在扬拱的节日实践中努力恢复霞节的历史文化传统,尽管真、假霞神都存在,人们在日常生活中也经常会提到关于霞神的保管如何秘密。但是就整个区域而言,偷神现象已经并不多见。当前的节日形式中人们不是特别关注神石是否存在,而是更多关注神石祭祀所衍生出来的节日象征性本身。

2. 霞节的复兴与杨氏家族家族历史的构建

扬拱杨氏家族自 2009 年其努力推动扬拱霞节的重新祭祀,为了使得扬拱霞节祭祀获得恢复,杨氏家族做出了很多努力。在节日文化遗产、丰富民间文化活动以及促进当地民族旅游、乡村旅游等动因的共同推动下扬拱杨氏霞节重新开始祭祀。我从采访中可以感受到,杨氏家族对于这一次霞节的复兴津津乐道、无比自豪。他们认为霞节的恢复不仅给这个地方增添了节日,增加了交流,更是为杨氏家族光宗耀祖。

老祖先的东西今天又得到了传递,这是我们杨家人不可推卸的责任!"这是一位年近六旬的老人聊天中告诉我的话。不仅如此,扬拱杨氏家族的人还告诉我:

以前不过霞节,四个公的后裔分散到别的地方我们就和他们失去了联系,现在他们过端节会邀请我们过去,可是要是再不过霞节以后这些后代就不会再来我们这个地方认祖归宗了。我们也是没面子,总是去参加他们的节日,自己没有个像样子的节日。

尽管历史在流变,社会在变迁,但是文化犹如一条柔软的细纱总是若有若无的带给当代人行动的象征力量。有无节日可过对于水族人来说是一件非常重要的事情。而对于扬拱杨氏家族来说,有无节日可过更是确立杨氏家族在该区域是否有主导权的象征。因为节日承载着杨氏关于祖先的集体记忆,节日成为家族在区域里地位的标识和边界。哈布瓦赫认为记忆并不是客观的一种呈现,记忆尤其是集体记忆是被选择和裁剪的,其所选择和表达的集体记忆往往是与当下有关的。作为法国年鉴学派涂尔干的弟子,哈布瓦赫不仅继承了涂尔干关于社会"圣神——凡俗"二元结构的思想,同时通过集体记忆理论打通了社会通过"集体欢腾"的或者某一节日仪式凸显的神圣时刻来确认社会的神圣性一面与日常生活中人们社会凡俗生活之间的对张。哈布瓦赫指出:

存在于欢腾时期和日常生活时期之间的明显空白,事实上是由集体记忆来填充和维持着的,这种集体记忆以各种典礼性、仪式性的英雄壮举的形式出现,并且在诗人和史诗的诗歌中得到纪念,它们使记忆在除此之外单调乏味的日常生活的常规实践中保持鲜活。正如涂尔干所指出的不只是仪式帮助人们回忆过去把共同体聚合在一起的重大事件;正是集体记忆,可以说作为一个中介变量,一方面通过日历上的节日庆典来纪念这些事件,另一方面也被这些实践所强化。[1]

---

1 [法] 莫里斯·哈布瓦赫. 论集体记忆 [M]. 毕然,郭金华,译. 上海:上海人民出版社,2002.

杨氏祖先在恢复家族记忆的霞节上不可谓不努力，扬拱霞坡的碑文是在2009年的霞节期间所立的。从碑文中我们可以总结出如下信息：

（1）杨氏家族在很久以前由祖先杨纳公迁居到扬拱，在这里带着家人定居生活并开始从事农业劳动、开辟土地繁衍子孙。

（2）杨纳在生了四个孩子，分别是：杨雷、杨选、杨留、杨勇。这四个孩子后来成为杨氏家族所有后裔的四个祖先。

（3）杨氏家族来到扬拱后当地的生活条件非常艰苦，主要是因为气候条件恶劣，连年干旱导致本区农作物产量低。

（4）神话介入叙事：雷公（杨雷）在一次上山砍柴的过程中遇到两块神石在打架，雷公的大吼使得打架终止并且招引来了电闪雷鸣和降雨。神话故事中降雨是因杨氏祖先雷公和两块具有降雨能力的神石所提供的。

（5）神石"诞生"后村庄便开始风调雨顺，从而出现对神石的祭祀。也就是出现了霞节的雏形和每逢农历丑年或未年祭祀霞神的周期传统。霞神的祭祀需要村社的水书先生通过占卜才能确立具体地时间。

（6）霞神的祭祀群体只包括杨氏家族的四个祖先，即杨雷、杨选、杨留、杨勇。而且这四个祖先在祭祀的过程中均要同时在场，且神话确定了雷公在霞神诞生过程中的重要性。霞节祭祀有很多具体地文化规则和内涵。

（7）碑文中提到了扬拱霞节是杨氏家族的节日，同时这一家族性的节日祭祀活动在"封存"六十年后借着建国六十大庆，得到政府的支持而重新开始举办节日活动。

（8）碑文中没有提到在杨氏祖先纳公进入扬拱前是否有其他人居住在这里，以及其他姓氏的人是否具有祭祀权。

从这段碑文分析中可以看出杨氏家族通过家族始祖杨纳公迁徙记忆来确立其地域居住权，而通过雷公来确立其对于节日祭祀的优先权。而在经历了六十年的停滞之后，杨氏家族借着国家六十年大庆的机会试图恢复这一古老的节日。在碑文的背部还镌刻了杨氏家族后裔当前的分布情况，其内容详尽介绍了四个共后裔的分布以及户数。对于这一数据的统计如何得来我不能做一确切的追述，但是模糊的宗谱和虚构的神话表征却得到了当代人的认可。不管是扬拱本地的杨氏族人还是分散在各地的杨姓，都对这段历史文本深信不疑。从我的观察和访谈来看，杨氏家族霞节的恢复本身就是塑造其家族历史的过程，霞节恢复的越是辉煌其家族记忆就越真实。这种家族历史的恢复并不是扬拱家族单向度的推动，分散在其他村寨的杨姓家族也起到很强的推动作用。这如同格尔茨所说的，仪式的中心越是典范则国家越是清晰。[1] 寄存在霞节身上的家族也是通过典范的霞节仪式来确认其自身家族的整体性。而家族记忆也在霞节庆典的辉度中得到了升华。

3. 本区祭祀权的强化与异地家族分支的拓展

随着霞节祭祀的恢复和强化，杨氏家族在扬拱地区的节日权又重新得到了恢复和认可。扬拱霞节祭祀的主题包括祭祀霞神和追溯杨氏祖先两个环节，在上文谈到扬拱霞节的仪式过程时笔者指出，杨氏家族的霞节很重要的一部分是重现杨氏家族的历史集体记忆以及杨纳公和其四个儿子杨雷、杨选、杨留、杨勇的祖源记忆。从节日的仪式过程中也可以看出，四条上山祭祀的道路也是以四个祖先后裔为分类。霞节的成功举办在当地获得了人们的认可，人们在言说中会讨论扬拱霞神的神迹、霞节举办参与者的规模盛大，以及惊叹杨氏家族举办霞节时的能力和其外地后裔祭拜、认祖归宗的庞大规模。这些都是在认可杨氏家族在霞节成功举办背后的强大家族能力。霍布斯鲍姆认为，仪式的恢复或者说"传统的发明"其行动或者实践的指向在于当代，是当代人的行动和实践通过从历史中获取资源来达致当下的利益诉求。[2] 杨氏家族通过恢复霞节来提升杨氏家族在该区域的地位。

不仅如此，在认可其本区祭祀权的同时，扬拱杨氏家族也极力邀请和承认其分布在都柳江流域四个祖先后裔的家族认同。不管历史上杨氏家族在离开扬拱后拓展到都柳江的人数规模今天是否真正有这么庞大，但是在新一轮的霞节复兴中双方都愿意共同构建这样的祖源记忆。从表2可以看出，霞坡碑文所呈现地杨氏家族后裔分布情况中很多后裔现在居住在都柳江流域，这些分布在都柳江流域的杨氏后裔今天主要过的年度性节日是端节。霞节的恢复促进了扬拱杨氏家族与都柳江流域端节区的交流与沟通。节日的恢复强化和重新塑造了扬拱杨氏家族与周边村寨节日互惠的拓展。

---

1 [美]格尔茨.尼加拉：十九世纪巴厘剧场国家[M].赵丙祥,译.王铭铭,校.上海：上海人民出版社,1999.
2 [英]E·霍布斯鲍姆,兰格.传统的发明[M].顾杭,庞冠群,译.南京：译林出版社,2004.

表2 扬纳公后裔分布情况表

家族谱系	扬纳公			
	杨雷公	杨选公	杨留公	杨勇公
村寨名称	邑告、岩寨、八开街上、孟东十拉力、里乌寨中寨、排捞寨、里友寨、里搞寨、坝街寨、吉雷寨、甲害寨、水便寨、甲小寨、上午寨、登能寨、滚渡寨、甲少寨、水造寨、古查寨	抵案、板卯寨、水夜寨、子合寨、鲁拉寨	西引寨、板央寨、坝街寨、滚渡寨、里古寨、平报寨、中寨寨、大寨寨	板桥寨、里搞寨、甲害寨、甲路寨、邑了寨、中寨寨、板卯寨、板抗寨、大寨寨
村寨数	21	5	8	9
户数	196	153	127	194
分布区域所过节日	端节、霞节	端节	端节、霞节	端节、霞节
总计户数	670			

四、节日、家族与地域的边界性：地域关系转换的当代实践

　　水族节日的地域化特征以及霞节、艾节等节日因祭祀神石而产生的偷请神文化现象促使水族地区出现了以竞夺节日祭祀权而产生的"互竞交换共同体"，这是历史上水族地区共同体形成过程中有趣的社会秩序安排方式。从学术的角度观察，这种竞争型共同体的研究对于交换理论提供了新的研究思路和民族志材料。随着历史的变迁，偷神文化逐渐走向式微。在新一轮的节日复兴中，偷神所带来的共同体交换方式已经淡出人们的视野。但是，在新的霞节复兴中杨氏家族通过霞节同步确认了杨氏家族在扬拱霞节中的节日祭祀权和中心地位，不仅如此，杨氏家族通过霞节的恢复还促使与其有家族关

联的其他地域村寨产生了新的互惠关系。

在当代的实践中,扬拱杨氏家族通过霞节的成功举办形成了以霞节为文化象征力的节日—家族—地域认同的边界性。这种边界性表现在节日确立了杨氏家族在扬拱地区节日祭祀权的边界、杨氏家族的节日实践确立了杨氏家族与周边村寨之间的互惠边界。巴特认为族界的作用并不在于隔绝人们的交往互动,而是与此相反,在于组织、沟通、结构和规范人们之间的互动。[1] 而这些作用和功能大致上也就是他所说的生成族界的社会原因。与巴特对于族界理论的观察相似地,杨氏家族在当代霞节恢复的实践中通过区分霞节祭祀的主体界定了祭祀中心地位的地域共同体,同时通过祭祀祖先界定了本区地域共同体之外的家族共同体,形成了跨区域的家族共同体之间的互惠关系。通过创造节日—家族—地域认同的边界性,杨氏家族在与周边区域交往互动中确认了自身祭祀权的地域中心地位以及与周边村寨尤其是都柳江端节区域之间的既互惠又区别的社会关系。

五、结语

通过恢复节日边界的确立来确认家族的地域社会交换边界,从而确认和塑造新的地域权力关系是本研究所着重描述的重点。通过贵州黔南扬拱水族霞节仪式过程来探讨其背后杨氏家族在当代的家族实践,以及由此产生的扬供杨氏家族与都柳江、樟江流域水族村寨的互动与社会交换。在当下的实践中已经获得节日祭祀权的杨氏家族通过复兴霞节来巩固本家族节日权的核心地位,同时通过霞节祭祀中的家族实践来强化本家族与周边村寨之间的联系。在当代的实践中扬供杨氏家族通过霞节复兴既巩固了本家族在霞节核心区的节日权力中心地位,同时通过杨氏家族的祖先记忆拓展了杨氏家族与周边村寨之间的社会交换,确立了节日—家族—地域权力之间的边界与互动关系。继而实现了从节日"偷请"而产生的地域权力转换到通过霞节家族能动性的实践来主动确认地域权力关系在当下的塑造。

---

1 [挪威] 弗里德里克·巴特. 族群与边界[M]. 李丽琴, 译. 北京: 商务印书馆, 2014.

云南民族大学魁阁学社简介

魁阁学社成立于2014年4月，学社位于云南省昆明市呈贡县云南民族大学民族研究所。呈贡县城的魁星阁正是西南联大社会学研究室所在地。1938年秋天，费孝通从英国学成归国，加入其老师吴文藻所创的云南大学社会学系，随后主持社会学研究室（即云南大学—燕京大学社会学实地调查工作站）。1940年10月，为躲避日机轰炸，研究室迁到呈贡"魁阁"。抗战胜利后的1945年9月，研究室搬回昆明市区，"魁阁"研究室存在近六个年头，完成了大批有价值的学术作品。这些学者在短暂的魁阁时期营造了中国人类学、民族学、社会学学术史上浓厚的一笔。

秉承这一学术传统，云南民族大学魁阁学社自创办以来以读书会为主要学习形式并附有相关田野研究。自成立以来，在诸多老师和同学的共同努力下一起研读了"魁阁"时期诸位学术前辈的作品，并在此基础上阅读了经典社会理论。目前魁阁学社处在学习的初期，学社秉承"继承学术前辈之精良作品、扎实社会理论之功底、关切当代中国之现实"。

节日研究

Festival Studies

节日调查

天津皇会民间舞蹈的传承与嬗变

张 巍

摘要

"天津皇会"作为天津最为盛大的节日狂欢节,它内容丰富多样,艺术样式种类繁多。本文试图在节日习俗的框架中,以"天津皇会"中民间舞蹈的传承与嬗变为视角,来对民间舞蹈在当代社会的存续与发展进行了探讨。虽然"皇会"时会兴衰荣枯,时有曲折起伏,甚至中途夭折,但"皇会"中的民间舞蹈一直扎根于天津的民风民俗,在各个郊县、集市、庙宇或依存于其他节日中传承发展,从未消失和中断,焕发着自身强大的生命力。

关键词

皇会 民间舞蹈 民俗 传承

张巍,天津市艺术研究所助理研究员。

节日文化，是中国传统文化的重要组成部分，在我国的各民族地区，节日文化以各式各样的民俗活动为依托，在成百上千年的历史发展中传承不衰、历久弥新。

"天津皇会"是天津汉民族地区举办的最为盛大的节日民俗活动，又称"娘娘会"或"天后圣会"，是天津民间为祭祀妈祖诞辰（于农历三月二十三日）所举行的节日庆典仪式。"皇会"作为天津民众节日生活中一项特定的民俗活动，深刻地反映出一定时期天津人民的生活习惯、习俗信仰、审美情趣、心理特征和价值观念。2008年，"天津皇会"入选第一批国家级非物质文化遗产补充名录，使我们在"非遗"的视野下，看到天津节日文化中的优质基因所呈现出的原生性、活态性、仪式性。

"天津皇会"是天津民间舞蹈的总汇，它将散落在天津地区的自娱性、群体性的民间舞蹈整合起来。一般来说，越是盛大的节日活动，舞蹈的表演形式就越丰富，群众的参与性就越广泛。天津地区的民间舞蹈种类繁多且庞杂，但在依存于"皇会"的民间活动中依然能保持其独有的"活态性"、"群体性"，深深地扎根于节日习俗的土壤之中。

一、"天津皇会"是天津民间舞蹈依存的土壤

1. "天津皇会"民间舞蹈的传承发展

"会"是天津的民间艺术组织，大多是由行业性的公会或者自发组织的群众团体组成。参与者多是本行业的职工、同乡的乡亲或是同一公益组织的成员和家属。他们平时忙于各自的生计，每逢年节，就集中到"会"里来，向师父们学习民间技艺，自觉地刻苦训练并参加排练，届时随"会"参加表演活动。天津的民间舞蹈正是依附于"会"的传承与发展，代代相传、绵延至今。这些"会"，一般都有自己的会规会章，对会员起着制约和规范言行的作用。这些会规同样是天津人民传统的文化心态和审美观念的真实写照，对树立良好的艺风，繁荣民间技艺起到了深远的影响。当然，其间也不乏封建的道德说教，对民间艺术的发展有着消极的作用。但是，无论如何，它们都是天津民间舞蹈文化中富有特色的组成部分，值得重视和分析研究。"会"的世袭传承，是"皇会"得以存续的基础。

"皇会"根据节目内容,大致可分为"文会"(亦称"唱会")和"武会"(亦称"耍会")两大类。"文会"包含了戏曲、曲艺、鼓乐等说唱表演形式和法鼓、大乐、飞镲、挎鼓等打击表演形式;"武会"则多以舞蹈表演为主,如:高跷、秧歌、重阁、甲子(十二生肖)、狮子、竹马、扛箱、绣球舞花、流星、爬竿等等。出会前先要采取"抓阄排档"的办法,给各会排列先后顺序,使"文会"、"武会"搭配整齐,互相映衬,力求和谐完美。[1] 天津皇会对于民间舞蹈起到了重要的组织发动作用。出会前采取的"抓阄排档"虽然只能让部分"会"参与其中,而对于不能上"会"的分散性民间团体,他们依旧焕发着强大的生命力,在各个郊县、村落、庙会、集市将其艺术表演形式不断传承发展。

民间舞蹈与"天津皇会"紧密相连,是"皇会"的重要组成部分。以高跷、秧歌、重阁、甲子(十二生肖)、狮子、竹马、扛箱、绣球舞花、流星、爬竿为主的民间舞蹈,在"皇会"的活动中有着非常重要的支撑作用。出会前各个"会"一旦通过"抓阄排档"的方式成功进入"皇会",这些舞蹈形式就能更好地营造活动气氛,招引更多的参与者,便于加强节日活动的影响力。同时,由于民间舞蹈的普适性和娱乐性,能够吸引更多的群众参加到舞蹈的行列中来,具有广泛的群众基础,一定程度上可以更好地表达集体的意愿。

然而,随着"天津皇会"在社会转型期的发展变化,部分民间舞蹈的功能也发生了变化,很多高跷、秧歌、竹马等部分舞蹈形式已消失、遗落。现如今,很多"会"的世袭传承也出现了青黄不接的情况,不利于民间舞蹈技艺的传承与发展。可以说,天津的很多"会"有历史、有技艺,却到了无人传承的尴尬境地。依附于"会"的民间舞蹈如果得不到世代相传,就会影响民间舞蹈的生存,这是急需我们思考和解决的问题。

2. 民俗是民间舞蹈存续的土壤

民间舞蹈是一种民间的文化现象,它以人体动作为依托来表现社会生活和个人情感,体现民族的文化特性、审美风格和民族历史。"天津皇会"作

---

[1] 中国民族民间舞蹈集成编辑部. 中国民族民间舞蹈集成·天津卷[M]. 北京:中国舞蹈出版社,1990.

为一种天津地区的民俗活动，以节日文化为背景，反映出习俗、礼节、信仰、仪式等传统民间文化。民间舞蹈和民俗虽然属于不同的学科门类，也都有各自学科的理论体系，但在"天津皇会"的节日活动中民间舞蹈与民俗又互为依托、互为发展。二者作为几百年来世代相传的民众文化，可以使我们在民俗学、人类学、舞蹈学等跨学科领域的视野下去解读"皇会"的文化内涵，认识它的当代价值。

"十里不同风，百里不同俗"，不同的风俗产生不同的民舞风格。民间舞蹈犹如一粒种子，依存在"天津皇会"的土壤中，其动作、节奏、韵律，都与"皇会"里的习俗信仰密切相关。它在不同的历史时期下，经过不断地发展演变而逐渐形成。从某种程度来说，民俗对民间舞蹈起着决定性的作用。"天津皇会"的整个仪式为民间舞蹈提供了广阔的传承空间，为民间舞蹈的表演内容提供了特定的社会文化背景。民间舞蹈在"皇会"仪式活动中产生、发展、传承、演变。整体来说，"天津皇会"的生态环境是相对稳定的，并随着历史的变化而发展。因此，我们的民间舞蹈只有依存在"皇会"的环境土壤中不断更新、完善，并尊重和顺从节日民俗，才能使民间舞蹈充满生机和活力，焕发出新的生命力。

二、"天津皇会"中民间舞蹈功能的嬗变

1. 从祭神到世俗

天津得天独厚的地理位置为妈祖文化的传播和繁衍提供了必要的条件。"靠水吃水"的便利条件使天津的广大人民以捕鱼业、制盐业、航运业为生计。在旧时文明不发达的情况下，风调雨顺的生活诉求迎合了天津妈祖文化的产生和发展。人们迫切需要某种途径来满足自己的精神文化需求，这种需求关乎他们的生存与发展。此时所产生的信仰习俗恰恰是民众心理诉求的真实体现和反映。因此，为了满足人们不同的精神诉求，天津各地有娘娘庙、龙王庙、城隍庙、药王庙等庙宇，习俗信仰虽各不相同，但以祭神、娱神为主。现存皇会中的民间舞蹈，如法鼓、飞镲、高跷、秧歌等，大多与封建迷信绝缘，舞蹈的艺术化倾向的加强，使喜欢娱乐的普通民众也逐渐参与到节日庆典的表演队伍中。

"皇会"的传承与嬗变，将一个以祭祀海神为主题的仪式风俗变迁为充分展示天津民俗风貌的群体性节日习俗。在传承演变的过程中，真实地记录了城市文明的成长与发展，阐明了天津独具魅力的民风民情。"天津皇会"伴随着历史演变与社会经济文化的发展，其功能由早期的敬神、祈年、驱鬼、辟邪，发展到当下的节日游艺与体育竞技，不断地丰富和满足了天津人民的精神和文化需求。但与此同时，随着人们思想观念的转变，"皇会"中的游戏化、去圣化倾向日益加强，民众对于表演者在舞蹈中艺术才能的要求越来越高，有些表现封建迷信的民间舞蹈逐渐衰微甚至失传。

法鼓是"天津皇会"中民间舞蹈的典型代表，它原是一种在寺庙表演的纯宗教和祭祀性质的法事活动，后流传到民间转变为一种民间自娱活动。法鼓有"文"、"武"之分，"文"重演奏音色、鼓乐齐鸣，"武"重动作表演、舞武交融。法鼓在"天津皇会"的仪式中却占有重要的地位和作用。天后娘娘出巡，法鼓一方面可宣传佛法与道义为娘娘祈福，另一方面可以在"出巡散福"的路途上制造声势，起到保驾、护驾的作用。由于旧时天津对天后的无限崇拜，因此法鼓一直是"天津皇会"必不可缺的一道会。但据史料记载，民国时期，很多庙宇因经费困难不举办祭神活动，转为酬神敬神的法鼓会也因没有能力维持而减少很多[1]。

时至今日，法鼓的祭祀属性有了很大的转变，宗教迷信的色彩也逐渐被剔除，成为世俗性的民间艺术。法鼓的表演形式，也由过去的"坐敲"表演转变为现在的"立敲"表演。"立敲"比"坐敲"在形体上更自由更易发挥，既可以下肢舒展、粗犷有力、大起大落；同时上半身又可左右侧身、腰身灵活、前俯后仰。这种表演形式的转变，是民间舞蹈艺术的突破。"飞钹缠绕"是法鼓的基本动律和特征。无论法鼓的动作风格如何发展和创新，都是在这个动作法则之内变化衍生。其舞蹈的动作特点，主要体现在钹的上下舞动和铙的周身缠绕上，通过钹、铙不同的打击方式而变化着各自不同的舞蹈动作。

不可否认的是，旧时的法鼓在宗教祭祀的范畴内宣扬佛法道义，甚至至今仍保留着古朴素雅的祭祀性舞蹈痕迹。但是，当下的法鼓在祭祀方面的特征已逐渐淡化。现在的法鼓会，由于会员大多已经年过半百，而且多以农民

---

[1] 中国民族民间舞蹈集成编辑部. 中国民族民间舞蹈集成·天津卷[M]. 北京：中国舞蹈出版社，1990.

和退休职工为主,所以各法鼓会几乎没有过去祭祀、节庆的功能,而是纯粹用来打发时间、自娱自乐。天津人喜欢法鼓由来已久,法鼓已然成为天津地区传统民间活动中最具代表性、参加人数最多的世俗化民间狂欢。

2. 从娱神到自娱

"天津皇会"以送驾、接驾、出巡散福、回宫祝寿为主要内容,经历了由单一祈福妈祖的娱神活动,向集信仰、娱乐、社交为一体的复合型的艺术样式发展,成为天津最为重要的民间习俗活动。"皇会"中的民间舞蹈,是天津民众集体创作的文化产物。它是妈祖文化信仰习俗的一种遗留和依托,同时也是现代社会人们应对生活的一种自我调节方式。在现代社会生活中,随着妈祖祭祀仪式的逐渐世俗化,其民间舞蹈的娱乐成分也在不断加强,或许有的已经失去了它原本的信仰内核,但这种艺术样式仍在皇会中得以传承与嬗变,并随着时代的发展,从艺术内容到形式都更加深刻多样。

飞镲是流行于汉沽一带沿海渔村的民间舞蹈。每逢天后圣诞或重大节日,常会踩街上会表演飞镲。过去渔民出海捕捞作业,常会遇到自然的挑战,所以他们特别崇尚自然,崇奉海神、龙王庇佑。渔民在出海打鱼之前,都会焚香烧纸、敲锣打鼓,以祈求出海平安。捕捞回港之后,更是锣鼓喧天,传达丰收喜悦之情。飞镲粗犷豪放的风格,是和渔民勇往直前、不畏艰难的性格紧密相连的。这种胸怀和品格是无法用民乐丝竹、轻歌曼舞所能体现的。因此,只有铿锵有力的节奏、锣鼓喧天的飞镲,才能充分表达他们愉悦众神、满载而归的心情。

旧时的飞镲表演远远满足不了当下民众对艺术性、娱乐性的渴望。当下的舞蹈表演一方面注重动作的粗犷、队形的调整、造型的亮相,另一方面增加了双人、四人以及多人对打、对舞的段落,大大加强了艺术的表现力。飞镲表演中有一个舞蹈动作叫"滗镲",其动作内涵是表现海水波涛汹涌,海浪此起彼伏,动作表现上需要大幅度的下蹲和猛烈的上长,动作风格上粗犷豪放、奔放夸张、大起大落、棱角分明。起伏的金镲、飞舞的镲缨,恰好反映出他们心中对大海的渴望和向往。

过去的飞镲表演更多地是为了迎合海神、龙王,反映民众对神灵的敬畏和顺从;现在的飞镲则更注重表现当地人民的精神风貌和气质,强调自娱自乐的节日氛围。传统的飞镲讲究镲音的响亮和纯正，为神而舞；当下的飞镲则更注重道具的灵活性、艺术本身的可舞性和民众的娱乐性，为人而舞。

三、"天津皇会"中的民间舞蹈是天津民风民俗的直接体现

"天津皇会"的历史是漫长而辉煌的。笔者试图在节日习俗的框架中，以"天津皇会"中民间舞蹈的传承与嬗变为视角，来对舞蹈在当代社会的存续与发展进行了探讨。因其舞蹈种类繁多、内容庞杂，只能举一反三、抛砖引玉，并借此对"皇会"中的民间舞蹈进行了认真的梳理、思考与整理。如今，"皇会"依旧传承着传统的妈祖文化，并更好地弃其糟粕、取其精华。我们在解读它的文化内涵时，也需要建构一种"新的传统"意识，充分认识到它功能的嬗变。

民俗文化的传承，往往具有深刻的社会历史渊源和地方民俗心理素质的特征[1]。而民间舞蹈的动作、体态、风格，往往是本地区民风民俗的直接反映。在"天津皇会"的活动中，民俗对民间舞蹈的发展、传承、变化起着决定性的作用。"皇会"中民间舞蹈的发展史，从侧面也反映了天津人民在民风民俗方面发生的改变。从某种意义上讲，民间舞蹈的身体语言镌刻了"皇会"的历史印记。

"天津皇会"作为天津最为盛大的节日狂欢节，它内容丰富多样，艺术样式种类繁多，表现出劳动人民的聪明才慧和对美好生活的向往。"天津皇会"中的民间舞蹈是天津文化的重要组成部分，它凝聚着这块土地几百年来创造的艺术精华，记载着人与人、人与自然、人与社会、人与神灵的关系，并伴随着天津社会经济的变化而发展，将富于动态美的人体动作展现出来。虽然"皇会"时会兴衰荣枯，时有曲折起伏，甚至中途夭折，但"皇会"中的民间舞蹈一直扎根于天津的民风民俗，在各个郊县、集市、庙宇或依存于其他节日中传承发展，从未消失和中断，焕发着自身强大的生命力。天津的广大人民群众用自己的身体语言记录、传承、发展着本地区的舞蹈，创作出独具特色的天津民间舞蹈文化，成为一种可视的、活态的民间文化。

---

1 尚洁. 天津皇会 [M]. 山东：山东教育出版社，1999.

重要民俗节日中的甲子英歌舞

赵 颖

摘要

甲子英歌舞是南方汉民族的民间舞蹈形式之一,在广东省陆丰市甲子镇广为流传。据84岁的甲子英歌舞队理事会会长陈汉前辈讲述,甲子英歌舞与元帝祖庙庙会、春节、元宵等民间传统节日密切相关,每逢重要节日甲子英歌舞队都要组队出棚参加活动。经过数次奔赴甲子镇采风调研与走访甲子英歌舞传承人,笔者发现甲子英歌舞不仅具有粗犷豪迈、刚劲有力、古朴沉稳等多重艺术风格特征,而且还蕴含了丰富的文化形态。

关键词

甲子英歌舞　调查　文化形态

赵颖,华南师范大学讲师。

"甲子英歌舞,在当地称为'英歌',意即英雄的歌舞。'英雄'指水泊梁山一百单八将,'歌'则指边打边唱,以大唢呐伴奏'杨梅开花无人知,乔装打扮下山来'的歌词,'舞'则指脚手舞步。"[1] 可见,英歌的早期呈现载歌载舞的表演形态,而歌唱部分在历史的变迁中消失,只存留下舞蹈部分。

一、甲子英歌舞溯源

陆丰甲子英歌,自明朝初年(1392年),从福建传入陆丰甲子,成为当地民间历代承传的古老的传统敬神活动节目,至今已有600多年历史,深受当地群众喜爱与推崇。缘于《水浒传》传奇故事的魅力,英歌被赋予了扬正压邪、平安吉祥的象征意蕴。

甲子英歌舞与祭祀的渊源由来已久。英歌理事会会所位于镇中心元帝祖庙[2]左侧的两层楼,英歌的保护神"田元帅",[3] 就被供奉于庙内神像的右侧,此庙始建于元末明初,修扩建于清朝乾隆年间,1997年修复。从建筑装饰艺术方面看,它布局严整,装饰精湛,门前威武的两只雄狮与屋脊似翱翔于云雾的两条蛟龙遥相呼应,该庙从上至下,从外至里,门、窗、石柱、屋顶、屋脊,大量运用了木雕、石雕、陶塑和彩绘等不同风格的工艺做装饰,既有传神的巨型神塑像,又有镶嵌于各处生动逼真的花鸟、云纹及螃蟹、虾、蚌壳等甲子特产,精湛的装饰工艺与雕刻技法交相辉映,使元帝祖庙透出庄重而淡雅的气势,令人肃然起敬。庙中香火缭绕,前来进香祈愿的人络绎不绝,在当地人的信念中,庙中供奉的神灵庇佑着这块土地的人们幸福安康。

新中国成立后,元帝祖庙成为全镇人们的民间文化活动中心,每年英歌的演出活动都从祖庙开始,甲子英歌舞作为元帝祖庙庙会的主角,在庙会祭祀活动中发挥着不可替代的作用。如今,英歌已从庙会中的祭祀活动逐渐延伸至春节、元宵、国庆等重大节日,作为保留表演节目,尤其是春节,英歌

---

[1] 詹德贤搜集整理.甲子英歌舞[M]//广东省陆丰县政协文史资料研究委员会编.陆丰文史(第2辑)[C].广东省陆丰县政协文史资料研究委员会,1987:68.
[2] 广东农村因祭神活动繁多,很多地方(村、镇)至今还保留不少祠堂与庙宇。
[3] "田元帅"是福建和粤东讲闽语地区民间戏剧、乐舞所共同崇奉的保护神,也是戏乐的祖师爷。

表演最为隆重热烈,英歌队从元帝祖庙出发,穿街进巷[1],依次到各家各户拜新年、送祝福,人们争相观赏英歌表演,热闹非凡。

数百年来,英歌的表演内容、表现形式及其所传达的团队精神,深深影响了甲子人的价值观、人生观,在当地人生活中占有十分重要的地位。据广东省非物质文化遗产保护中心主任、专家委员会副主任杨明敬介绍:"甲子英歌舞队的管理与运作,完全属于民间自治状态,经费筹集、支出与监督,队员排练、演出活动等一切事宜皆由英歌舞组织机构——理事会负责。"[2] 理事会由住队固定的20多名队员组成,他们负责对服饰、道具进行定期的保养与维护。理事会在主持英歌日常活动的同时,还制定了一些管理章程,譬如英歌队外出演出资金紧张,需要动员经济富裕的队员慷慨解囊,而若是队员家中遇到困难,理事会在经济和人力方面都会给予帮助。理事会将英歌队员紧密团结在一起,成为他们向内构建认知结构,向外构建社会关系的一个连接纽带,保障了传统社会的良性运作和英歌的代代传承。今天英歌队团结一致战胜困难的精神与古代梁山好汉们齐心协力营救兄弟的英雄气概一脉相承,恰恰对应了英歌精神的初衷。传统社会中的民间艺术靠民间自治解决,也许这就是民间艺术最佳的生存状态。

英歌是甲子人最引以为豪的民间艺术之一,它沟通了甲子人彼此之间的情感,以身体与英歌棒为媒介的舞蹈活动引导他们产生了共同的族群归属感,同时也增强了民众的凝聚力。由此可见,甲子英歌舞在当地已成为一种影响社会的力量。

二、甲子英歌舞的文化形态

广东英歌舞一般根据舞蹈节奏的板式进行划分,通常分为慢板英歌舞、中板英歌舞、快板英歌舞三类。甲子英歌舞属于中板英歌舞,游行式舞队,风格纯朴,气势勇猛,步伐扎实,动作既刚劲有力,又饱含韧性,尤其身体

---

[1] 广东地貌特点为"七山二水一分田",相对北方而言,这里平阔的陆地较少,总面积14.72平方公里的甲子镇,人口却20有多万,因此镇中居住环境拥挤,房屋间距较近,形成了狭长小巷。
[2] 根据作者专访广东省非物质文化遗产保护中心主任、专家委员会副主任杨明敬的录音笔记整理而成。

中段由内向外凸显出的极大张力，给人沉稳大气之感。

甲子英歌舞不仅具有粗犷豪迈、刚劲有力、古朴沉稳等多重艺术风格特征，而且还蕴含了丰富的文化形态。

（一）仪式的程式化表演

仪式是在传统社会中形成的被公认且固定与规范下来的行为方式，后人只需严格恪守即可。甲子英歌舞作为元帝祖庙庙会保存下来的"活化石"，在数百年的祭祀中形成了很多仪式的程式化表演，如英歌的表演程序与规则、舞者的穿衣装扮、动作与队形的变换等都已经成为人们相当熟悉的内容。熟知英歌舞就能粗知祭礼，可见英歌舞不单单是伴随仪式出现的衍生物，而是与仪式共生的东西。

甲子英歌舞按照民间信仰道教中的三十六天罡，七十二地煞分类，借以喻108位梁山好汉，表现他们乔装攻打大名府营救卢俊义的壮观舞蹈场面，弘扬正义、赞美机智和抒发英雄气概。甲子英歌舞拥有一套完整的表演形式：分前棚和后棚两大部分。前棚又分"武畔"24人，手握双棍，一色花脸脸谱，代表八卦里的24纯阴；"文畔"12人，手提小铃鼓和单小棍，一色武生脸谱，代表八卦里的12纯阳；另包括花鼓公、花鼓婆各2人。后棚则为演小戏、乐队及旗队人员。其中以前棚为主，它是英歌队表演的出彩之处。

表演开始前，全体队员齐到元帝祖庙中跪拜保护神"田元帅"，请求神保佑演出顺利，结束后收拾道具装箱完毕，再回元帝祖庙感谢"田元帅"。表演时，先由头插金花、手舞银蛇的时迁开道引路，李逵、关胜、杨志等36人按"头槌"、"二槌"、"三槌"顺序列成两队紧跟而上，一队手舞双棒，一对旋转小铃鼓，迈着沉稳的武当太极蜈蚣步，伴随鼓点一上一下同时起落，边舞边向前推进，舞棒"咚咚咚"的敲击声、冬鼓声、脚下的铜铃声与伴奏的锣鼓声和着舞步齐鸣，表演队伍整齐雄壮，气势威武。"头槌"李逵引领队列进行分开、合拢、交叉等变化，以及削槌、伏槌、掺槌、穿龙[1]等动作表演，还有击打、拾步、返身、背向等拳姿武态。后棚的小戏是化装游行节目，边演边唱，传统节目有《六国封相》《七鹤归洞》《达摩渡观音》《父女会》《双

---

[1] "穿龙"可分为穿双龙和穿龙仔（即分为四行），是英歌表演的最高潮部分。

竹槌》《双摇橹》《瞎子算卜》等，再配些滑稽丑角表演偷抱猪仔、傻婿上厅、公背婆等深受群众赞赏和欢迎。

表演队形以纵队为主，二纵队、四纵队、六纵队等，表演人数以偶数递增，一般有24、36、48人等，总数限于107人之内，主要伴奏乐器有大鼓、铜锣、镲、钹等打击乐器。表演进行中，两个花鼓婆单足立于两个花鼓公肩上，手舞小棒划圈，自由穿梭于英歌舞队伍之间，再加上两位男扮女装的反串角色顾大嫂和孙二娘，整体表演风格既神圣庄严又轻松活泼。除时迁、李逵、秦明、鲁智深、武松等按戏曲服饰装扮外，其他角色均分别统一着装，按照梁山泊英雄的形象勾画一个个性格鲜明、生动传神的脸谱，"武畔"穿白襟环花束袖黑衫，红裤配五彩绑腿；"文畔"是天蓝色衫，头戴雉尾双龙武生冠；脚穿镶嵌小铜铃与彩色绒球的草鞋，挂腰牌和身携各式道具兵器，舞动起来，粗犷雄壮，愈显古朴。

英歌棒和水浒人物名腰牌

花鼓和草鞋

随着时代发展，甲子英歌的服装、动作表演、传承等方面都取得一定的进步。服装上，从20世纪80年代一身纯黑色的古老装扮，转变为繁多的亮丽彩色；技艺上确定每年农历8月进行整月的基本功、动作套路、步伐等训练；传承上坚持吸收和培训新学员，每年从当地在读中学生中选拔15人充实英歌队伍，并通过反复练习磨合新、老队员，以达到英歌表演的日臻完善。

头槌是英歌队的灵魂人物，全体队员都要听令于他，按照他的指令进行表演，这是祖辈制定下来的规矩，也是英歌顺利演出的有力保障。甲子人严格遵守英歌表演的每个事项与细节，仪式的程式化帮助表演者与观众进入一个共同的语境，每个人都是其中的一分子，人们共同完成仪式，每个人都是仪式的参与者和见证人。

甲子英歌舞

(二）粗犷豪迈的阳刚之美

毋庸置疑，作为一种男子集体群舞，甲子英歌舞饱含男性的阳刚之美。

由于打英歌[1]需要消耗大量体力，因此英歌队员都是镇里身强力壮的青年。他们精力充沛，身上满载能量与活力，动作夯实有力，棒花耍的精湛绝伦，松弛的上身蕴含强烈的内在力量，脚不离地，稳健中现潇洒，古朴中现灵巧。英歌队员们的集体意识非常强烈，整齐的队形、协调的动作以及默契的配合，与他们长期共同训练与演出密切相关。

甲子人喜爱并擅长打英歌，它已成为当地人锻炼身体、增强体质的一种方式，闲时在家都会随手拿起棒子练习动作。据48岁的甲子英歌舞队队长、"非遗"传承人林炳光[2]讲述，他8岁便开始学打英歌舞，从懵懵懂懂跟着比划动作到成为英歌队头槌（饰李逵），打烂了很多根棒子[3]。尽管生活非常忙碌，但从不缺席英歌舞的排练与演出，几十年来，他一直认真、执着地传承英歌，从未停息。甲子少年英歌舞舞队在他的带领下，已初具规模与实力。

林炳光说："用命在打，往死里打，这是表演时的唯一想法"[4]。打英歌是他内心情感的言说方式，他视英歌舞如生命，这种精神信仰下舞出的动作，

前排左起第六人为甲子英歌第十二代传承人林炳光

---

1 当地人惯称舞英歌为打英歌。
2 甲子英歌舞第十二代传承人。
3 英歌舞棒由高山石根木所制，非常坚硬结实，约50厘米长，两头红色，中间绿色。
4 根据笔者田野考察专访甲子英歌舞"非遗"第十二代传承人林炳光的录像资料整理而来。

饱含男性的阳刚之美。

（三）勇敢精神的折射

发生于山东大地的《水浒传》故事，数百年来被甲子人演绎的精彩绝伦，与他们沿海而居的地域特点密切相关。甲子镇地处广东省陆丰市东南部，属于亚热带海洋性季风气候，临海的天然优势使这里成为全国一级渔港，镇上的人们多以渔业为生，在长年艰苦的出海作业与商贸往来中，甲子人形成了勤劳打拼、勇敢坚韧的性格趋向。

面对充满危险与挑战的大海，必须勇敢才能生存下去，粤东地区民谚"天上雷公，地下海陆丰"，正是对甲子人勇猛、豪爽性格的准确诠释，体现在英歌舞的表演里，恰好符合梁山英雄好汉的本真。

纵观甲子英歌舞的表现手法以淡化情节为主，既不讲述复杂的故事情节，也不塑造具体的人物形象，而是用写意的创作手法从整体上渲染战斗的热烈气氛和场景，展示集体的智慧与力量，表现梁山好汉勇敢的英雄气概。

（四）鲜明的地域性文化象征符号

民间艺术的形成通常带有浓郁的地域色彩。一方水土养育一方人，不同地域造就不同文化，不同生活习俗创造独具特色的民间艺术。甲子英歌舞的发生、发展、变化与其所处时代、环境等诸多因素密切相关。

纵观南粤历史变迁，从公元前203年秦末名将赵佗建立南越国，实行"和辑百越"的民族政策，汉越文化首次交锋，到后来两晋南北朝时期、两宋期间、明末的三次人口南迁，促进了岭南的民族融合与经济文化的发展，最终产生了既与中原舞蹈文化有共同之处又具广东南越特色的民间舞蹈，甲子英歌舞就是最好的例证之一。

与其说甲子英歌舞具有独特的艺术魅力，不如说是甲子英歌舞拥有岭南传统文化的深厚积淀。首先，英歌舞传入甲子后，受海、陆丰传统文化浸润与自然环境熏陶，形成了鲜明的地域风格特色和韵律：充满阳刚之气的英雄好汉形象，灵巧自如的耍槌花动作，热烈的情感表达，巧妙的队形调度与构图，摄人心魄的音乐伴奏等。其次，甲子英歌舞汲取南拳的一些特点，譬如步稳力沉，"举棍击打肩、背、腰、腿各有分寸、角度，抬步、返身很注重南拳腿功，起、落、背向各有轻重，整个动作概以拳脚化的侧面'庄步走'，逢沟过隙、跃级过门，背以'轻功'，胜似跳高、跳远的田径动作，特别是时迁的动作属南拳中的'战马'以'画眉跳架'的姿势配以'支半手'的'吞吐'而'圆身返肩'以表现'鼓上蚤'的特征。"[1]集中表现了南派武功艺术的精粹。再次，脸谱上在吸收粤剧、京剧中的一些净角面谱同时，又有自己的独特气派，"据当地知名的脸谱艺人李成节、詹德雇同志介绍，脸谱的眉、目、额、鼻、腮等处的造型着色变化很大，大抵用色阶的对比、曲直粗细的线条变化，浓淡繁简的对比，二意结合，着重勾勒的笔法以突出人物的性格，显示出水泊英雄的特色。"[2]最后，甲子英歌舞讲究阴阳相生，刚柔相济，其中太极八卦图阵造型乃中国传统文化精粹的充分显现。

作为陆丰市甲子镇的传统民间艺术，甲子英歌舞是先辈们用勤劳与智慧创造出来的产物，一代一代传承下去，甲子人对这种艺术形式情有独钟，它承载着甲子人的记忆和历史。甲子英歌舞是当地传统节日中的一个文化符号，更是甲子人鲜明的地域性文化符号。

三、结语

甲子英歌舞威武的气势、撼人心魄的律动、古朴绚丽的装扮，独特脸谱的勾画，整齐的步伐，以及有力的"削槌"、稳健的"掺槌"、强劲的"伏槌"等风格特点，达到了形式美与内容美的高度统一，极具艺术审美与欣赏价值。

除了活跃在春节期间和元帝祖庙庙会等重要节日的民间表演中，甲子英歌舞还积极参加各类比赛，走向全国的文艺舞台之上：2005年5月荣获广东省首届泛珠三角民间艺术表演大赛金奖；2010年9月荣获第八届中国民间艺术节暨第九届中国（大同）云冈文化艺术节展演金奖；与此同时，2007年5月入选广东省第二批非物质文化遗产；2011年5月被国务院列入第三批国家级非物质文化遗产。作为无形的文化遗产，甲子人独有的文化记忆，保护甲

---

1 詹德贤搜集整理．甲子英歌舞[M]// 广东省陆丰县政协文史资料研究委员会编．陆丰文史（第2辑）[C]．广东省陆丰县政协文史资料研究委员会，1987:69.
2 詹德贤搜集整理．甲子英歌舞[M]// 广东省陆丰县政协文史资料研究委员会编．陆丰文史（第2辑）[C]．广东省陆丰县政协文史资料研究委员会，1987：70.

子英歌舞这门传统艺术也是弘扬中华民族的优秀文化,守护甲子人共同的精神家园。

打英歌是一种情怀,是一种心灵感受,舞至高潮时,表演者阵阵"嗬…嗨…嗬…嗨…"的吆喝声与击槌声、锣鼓的敲击声,汇成一曲气势磅礴的英雄赞歌,振奋人心。

参考文献
[1] 杨明敬. 英雄礼赞—潮汕英歌舞舞[M]. 广州:广东教育出版社,2011.
[2] 中国舞蹈志编纂委员会. 中国舞蹈志广东卷[M]. 上海:学林出版社,2003.
[3] 王文章. 非物质文化遗产保护研究[M]. 北京:文化艺术出版社,2013.
[4] 詹德贤搜集整理. 甲子英歌舞[M]// 广东省陆丰县政协文史资料研究委员会编. 陆丰文史:第2辑[C]. 广东省陆丰县政协文史资料研究委员会,1987.

平和中的追问
—— 奇台大泉塔塔尔自治乡塔塔尔舞蹈文化调查

戴 虎

摘要

本文经过调查研究发现，奇台大泉塔塔尔自治乡塔塔尔民众在婚礼中所跳的塔塔尔舞，与集成以及舞台展演中的塔塔尔舞在表演形态、舞蹈姿态上都存在着较大区别，举手投足之间有着明显的"哈萨克"味道。可当地人并没有如此明显的区别意识，接受访问的当地塔塔尔人，无一例外地都认为，自己所跳的舞就是塔塔尔舞，而非仅仅是"文本"规定的那一种。在他们看来，现实生活中所跳的舞和集成以及舞台上展演的都是塔塔尔舞，只是表演的空间、时间以及样子（动律、姿态）不一样。这种主位认知与文本记录、舞台创作之间的错位，之于我们对当下舞蹈文化发展、流变的理解，有着"它山之石"之用。

关键词

奇台大泉乡　塔塔尔　舞蹈调查

戴虎，新疆师范大学副教授。

本文是2013国家社会科学基金艺术学2013青年项目：《文化交流视野下哈密舞蹈文化研究》，项目批准号：13CB105；新疆师范大学自治区普通高校人文社会科学重点研究基地中亚音乐文化研究中心2014招标项目《仪式视野下哈密节日舞蹈文化研究》，项目批准号：XJEDU040914B01阶段成果。

缘于教学研究的要求，也缘于长期以来对于塔塔尔舞蹈的理解始终来自舞蹈集成和节日舞台展演的影响，一直没有一个切身的调查体验。为此，我来到了距离乌鲁木齐300公里、成立于1989年的全国惟一以塔塔尔族为主体的牧业乡——奇台大泉乡，展开了田野调查。

确切地说在调研中，我并没有发现"文本"意义上的塔塔尔舞蹈表演仪式，也没能观摩上以政府投入主办的塔塔尔舞蹈展演。只是在随访中，很凑巧地与当地中心小学的校长建立了较好的联系，因而他带我参与了当地一位普通塔塔尔青年的婚礼。恰恰是这个简单而寻常的婚礼体验，却让我看到了一个更为鲜活而真实的奇台大泉塔塔尔舞蹈文化在民间节日仪式中的存续现实。

一

"Tatar"一词最早见于公元732年的突厥——卢尼文《阙特勤碑》。"Tatar"是本民族的自称，也是外称，中国史籍中的"达坦"、"达怛"、"达达"、"鞑靼"都是不同的汉文译名，在中亚一些民族中，也曾经将他们称为"诺盖"、"挪尕依"。1934年，盛世才主政新疆，确定"Tatar"为塔塔尔人的族称。中华人民共和国成立后，依照本民族的意愿，中央人民政府确认"塔塔尔"这一称谓为法定族称。[1] 目前，全国塔塔人口有4732人。从全疆的角度看，新疆塔塔尔人主要集中在北疆的阿勒泰、昌吉、伊犁、乌鲁木齐和塔城等地，但是从塔塔尔分布的城市来看，塔塔尔族居住在11个市40多个县，其中没有一个地区的人口比例超过20%。这么少的人口却居住在这么多的城市，显然塔塔尔人口居住分散、文化现象也就不能集中体现。

新疆塔塔尔族是在19世纪初期陆续从沙俄迁徙而来的，他们的迁徙大致分为三个阶段，一是从19世纪20年代到中期，由于不堪沙俄农奴制度的压迫，一些男性塔塔尔青年人以改"姓"加入哈萨克部落的方式，有的甚至以给哈萨克人养子的身份，迁徙至我国阿勒泰境内。现在居住在阿勒泰市布尔津、哈巴河以及昌吉回族自治州奇台大泉塔塔尔民族自治乡的塔塔尔族

---

[1] 中国大百科全书总编辑委员会. 中国大百科全书·民族卷[M]. 北京：中国大百科全书出版社，1986：425.

多数是这些人的后代。再是从 19 世纪中期到 20 世纪初，由于沙俄和清政府签订了《中俄伊犁、塔尔巴哈台通商章程》《中俄伊犁条约》等不平等条约，规定迪化（今乌鲁木齐市）、古城（今奇台）、吐鲁番、哈密等地为俄国的贸易区，所以大量的塔塔尔人经商迁居此地，并创办了一些学校、修建了一些清真寺。三是 20 世纪初到 20 世纪 30 年代，由于俄国爆发第一次资产阶级革命，大批革命者和知识分子、工人为躲避沙皇政府的严酷镇压，逃到了新疆境内。加之 1912 年新疆最大的码头——额尔齐斯河码头建成，许多塔塔尔商贩自俄属中亚地区涌向伊犁、塔城、乌鲁木齐地区；第一次世界大战爆发后、十月革命爆发后，特别是苏联强制集体化和肃反扩大化，又有不少为躲避战乱的塔塔尔青年、小业主、手工业者流亡到了新疆。

从 19 世纪早期到 20 世纪中期，一百多年间从中亚迁徙而来的塔塔尔人因为迁入新疆的时间早晚不同、原因不同、目的不同，造成了现在在伊犁、塔城、乌鲁木齐、昌吉奇台生活着的塔塔尔族人各自文化面貌的不同。加之迁徙而来的各地塔塔尔人所居处的文化环境不同，也客观形成了新疆塔塔尔人口少、分布散、文化杂的特点。

伊犁、塔城、乌鲁木齐等地的塔塔尔人相较于奇台塔塔尔人迁入的时间较晚，伊犁地区的很多塔塔尔甚至是 20 世纪中后期才从中亚迁入，因此，这里的塔塔尔人更多地保持了其从中亚地区所带来的原有文化传统，这从现在伊犁地区塔塔尔人还能说塔塔尔语、写塔塔尔文字，在传统节日中保留有传统仪式、能演唱传统民歌、跳传统的塔塔尔舞蹈、烹饪地道的塔塔尔美食都能感受到。而奇台地区的塔塔尔人迁入时间久远，同时迁入时的人口多是青年男子且多半以放弃文化传统、改姓换名与其他民族通婚的方式获得社会身份。

因此，奇台塔塔尔人文化传统从最早进入时，就呈现出衰减趋势，随着时间的推进，这些本就没有承载多少塔塔尔传统文化的年轻人也就遗忘了曾经生长的土地，取而代之的是对本地哈萨克文化越来越亲近的融入，越来越自觉的认同。加之塔塔尔族尤其是奇台地区的塔塔尔族长期与其他兄弟民族（主要是哈萨克）杂居共处，他们中间较多地存在着与其他民族通婚的现象。在我随访的七个塔塔尔家庭，无一例外的都是混合家庭，他们已婚的子女同样也是族际通婚。"两乡民族混合户的普遍存在与其族际文化边界趋于消失互为因果。"[1]

因此，奇台大泉乡的塔塔尔人最终以与当地哈萨克人普遍联姻的方式，彻底转变自己的文化身份。而二者的舞蹈文化，自然也在这样的民族文化融合、演进历程中，本体越发趋同及至难以区分。

二

塔塔尔族虽然是我国人口较少民族，但却有着完备的政治、经济、科教、文化艺术等资源，我国塔塔尔族的研究始于建国以后，比较系统的研究是1956年中国少数民族语言调查和1958年中国少数民族社会历史调查开始的。

近年来，随着国家西部战略的实施以及兴边富民政策的实施，塔塔尔族作为较少民族日益成为了学术界关注的热点，研究成果层出不穷。梳理既往的研究成果，对塔塔尔研究主要集中在社会历史、语言文化、教育、人口、体质、婚姻习俗等方面。[2] 其中对塔塔尔艺术文化研究，以音乐的研究规模最为壮大、成果也最为丰富。自上个世纪80年代初简启华先生首发《浅谈塔塔尔族民歌》一文，30年来，对塔塔尔音乐的研究有体裁性的分类研究、有对塔塔尔民歌歌词的研究、有对塔塔尔音乐形态的研究、有对塔塔尔音乐演奏乐器和器乐的研究。

相较于对塔塔尔音乐的研究，既往对塔塔尔舞蹈文化研究有这样二个特点。一是以《中国少数民族文化史》为代表的结构性知识描述。将塔塔尔舞蹈文化作为塔塔尔整体文化中的有机组成部分，从主题内容、形态特点、表演形式等方面进行知识性介绍。二是以《中国民族民间舞蹈集成》为代表，将塔塔尔舞蹈自身为研究重心的本体研究。对塔塔尔舞蹈进行形态上的记录和规律性的把握，并已成为舞蹈创作和教学训练实践的指导文本。相对于对塔塔尔音乐的研究，无论是研究规模还是研究的广度与深度，塔塔尔舞蹈文化的研究，都是处于显而易见的弱势。

---

1 中国大百科全书总编辑委员会. 中国大百科全书·民族卷[M]. 北京：中国大百科全书出版社，1986：425.
2 新疆自治区统计局. 新疆2000统计年鉴[M]. 北京：中国统计出版社，2000.

于是，怎么样捕获调查对象在讲述过程中的全部信息，并获得对相对完整的理论抽象，是我在奇台大泉乡调查过程中最大的思考。一般在舞蹈田野调查中都会有预设的经验框架和理论期待，并以此发现民间节日仪式、表演与舞台行为之间的内在联系。而在以往我们的舞蹈文化研究，偏重研究的是"作为舞台文本的舞蹈"或作为"集成文本的舞蹈"，追求的是对民间舞蹈"质性特征"或"典型姿态"的"形态本体性"的记录。并没有充分认识到应把舞蹈看做是民间文化流变中的文艺样式，没有充分考虑到它还是一种民俗事象，具有"文本"以外的诸多属性和可能。

民间活态的舞蹈表演，从来就不是单向的传递信息的过程。作为参与者，舞蹈表演者与观众不仅共享着大量"内部知识"，而且在他们之间随时存在着大量极为复杂的交流和互动过程。所以，一次特定仪式中的舞蹈表演的意义，不仅要从固定的、规范的、经典的"文本"中获得知识，更应该观察这一舞蹈文本在传承与流布间的文化语境，否则我们就不可能全面描述民间舞蹈文化意义。换句话说，在民间舞蹈文化的调查中，每一次舞蹈表演行为，都是"这一个"而非"这一种"。

三

在奇台黑沟村塔塔尔婚礼仪式中所存续的舞蹈、音乐，并没有特别的清规戒律，没有十分固定的模式，没有严格的传统的曲目，甚至在仪式关键时刻也没有按照一个早已设定好的传统模式必须演奏的固定曲目，中国的、外国的、古代的、现代的、古典的、时尚的、严肃的、通俗的，只要能营造出婚礼热闹的气氛，只要能代表喜庆，只要能让在场的人们高兴、引起大家共鸣乐于参与就无所顾忌地大派用场。

虽然在奇台黑沟村塔塔尔人婚礼仪式喜庆欢闹中，舞蹈身姿、音乐采用没有特别的规定，甚至演奏乐器也不是我们想象中的塔塔尔人传统乐器符号——手风琴，而是具有现代气息的电子琴。但是，当电子琴奏响塔塔尔传统音乐"艾皮帕"（塔塔尔人群中最为熟悉的传统音乐）时，虽然音色不同，但熟悉的旋律却使这些文化身份符号模糊的人们，不约而同的改变脚下步伐、改变手上姿态，调整身上动律，并会突然拿出早已准备好的手绢（巾），挥舞着跳起他们认为的传统塔塔尔舞蹈，随行的老师这时都十分惊讶这种行为的一致性，当我们为在奇台塔塔尔婚礼中找不到塔塔尔舞蹈形态特征而十分苦恼时，这种突然到来的壮观场面，让我们为之一震，似乎这一行为验证了我们想象中的塔塔尔舞蹈形态特征，同行中的一位老师，情不自禁地说："这才是塔塔尔舞嘛！"可是，当我在婚礼结束后，对参与其中的几位塔塔尔人访问时，他们却这样说："我们跳的都是塔塔尔舞啊，有老的（指传统的拿手绢的），也有新的（指交谊舞）。"

老实说，当地的塔塔尔人自己也不知道自己所谓传统舞蹈是什么样。在大泉乡小学采访时，学校的校长、副校长还有负责后勤工作的一位老师，都这么说道："从小就看到自己的父母和自己一样的生活方式、语言、风俗，从来就不知道自己的这些生活习惯原来不是塔塔尔人的，是哈萨克的，我就奇怪了，所以现在我们把自己的儿子送到了国外（国家政策的补助），到塔塔尔的哈山共和国去学习，看看塔塔尔的文化、塔塔尔的风俗究竟是个什么样子。"

有意思的是，在婚礼上人们无论是跳起哈萨克舞、还是跳起交谊舞，抑或跳起我们不认为的塔塔尔舞，在场的参与者们都十分的投入、由衷的快乐，因为婚礼的喜悦、喜庆唤起了所有在场的亲朋好友的兴奋。这个时候跳起的舞、唱起的歌是不是自己的已经不重要了，重要的是人们通过这种舞蹈传达了自己内心的喜悦和对新人的祝福，更为有趣的是，奇台黑沟村的塔塔尔人自己并没有认为所跳的舞不是塔塔尔舞蹈，在他们的眼中，他们所跳的、所唱的就是塔塔尔的文化！

这似乎对我们只从练功房、集成中来认识民族传统舞蹈形态提出了质疑。因为，民族民间舞蹈，它是一条一直流动的河流，当我们用过去的曾经静态采集和描绘的形态特点来检验现时民间鲜活的舞蹈形态，必然会出现这种所谓"局内人不自觉""局外人指点""以本本论事实"的现象。

无论如何，要判定一个民族舞蹈的形态特点，我们都必须承认，这些形态特点也是随着时代历史发展变化的。而更为关键的是族群内部的人如何看待和接受这种变化。就如黑沟村的塔塔尔村民们，他们认为自己在婚礼中舞蹈就是塔塔尔舞蹈，那么作为局外的我们，非要根据自己的文本经验说："你跳的塔塔尔舞蹈和集成以及其他地域的塔塔舞不一样，所以你跳的不是塔塔尔舞吗？"

从这个实例来说，判定民间舞蹈表演形态具体民族属性的关键，会否应该考虑舞蹈在其族群内部的认同感？

四

塔塔尔族人非常重视文化教育事业，注重人的道德素质和素养的提高。他们的文化教育事业发展较早、知识分子较多。塔塔尔人在最早迁入新疆时，就在伊宁、塔城等地开办了宗教教育为主、兼学科学知识、文化艺术的学校。塔塔尔族在新疆还被称为是"桥"的民族，在他们之中，有很多人通晓维吾尔语、哈萨克语、柯尔克孜语、汉语等其他民族语言，因而塔塔尔在新疆各个民族之间的交流融合中有中类似"润滑剂"的作用，各个民族之间的优秀文化和伦理习俗通过他的转译和交流，得到了共享和交流。

在婚礼仪式上的舞蹈，每一个舞蹈的参与人员的性别、身份是有自觉规定的，在婚礼欢迎新人出现的开场中，是塔塔尔传统歌曲《艾皮帕》，这时的参与者多为妇女和小孩，大家自由地随着旋律起舞、踩踏地面。而在随后的《黑走马》的舞蹈中，参与的多是成年男子且大多为上了岁数有威望的老人，上场表演的第一个人是新郎的父亲，随后是叔叔、舅舅等男性长辈，他们面部没有过于丰富的表情，而是投入、专注于自己的动作，认真、执着于参与者之间的互动。接着之后的塔塔尔舞曲，参与者变成以新郎、新娘为代表的年轻人，男男女女在场地中，开心自由的起舞，但即便是新郎、新娘之间也保持着足够的距离，没有亲密的肢体接触，在对舞环节中，两两之间度保持适度的谦让，你俯身我仰头，总是处于你进我退的平等和谐交流之中，而在最后的交谊舞环节，参与者全部是女性、或者凑热闹的孩子们，没有男女和跳的。

这种类似规矩性的参与制度，实质上是没有外力约束的，所有环节的参与者，像"被训练"或者"被设计"一样，自然有序地参与着属于自己的舞蹈板块，享受着属于自己的舞蹈时空。体现出塔塔尔人长幼尊爱有则、男女老少有规、互动交流有序的传统伦理观念。此时的婚礼仪式不仅是亲友们祝福狂欢的时刻，更是传统伦理道德濡化的场域。族群内部的人在这种不自觉的伦理仪规中，确认自己的社会道德准则、强化自己的社会角色责任，同时孩子们在这样"随风潜入夜"的传统伦理道德润泽中，形成最初的道德认知和伦理秩序，族群间的社会伦理智慧以此在代际间得到传扬和继承。

结语

走进奇台大泉塔塔尔自治乡，除了在询问调查每个塔塔尔人时，会得到一致而肯定地回答："我是塔塔尔人！"之外，很难从这些自称塔塔尔人的身上，发现经验当中的塔塔文化特色。这里的塔塔尔人被学界多认为"被涵化"或者"被哈萨克化"。同时，在田野采访中，这种看法也被很多塔塔尔人自觉认同。

在婚礼的仪式中，具有哈萨克文化因子的程序、习惯、风俗无处不在，比如歌唱的语言、亲友给新娘送金首饰、唱哭嫁歌、跳黑走马舞、举行角力、叼羊、赛马等等，这都是哈萨克传统婚礼中的仪规。虽然哈萨克文化在这个塔塔尔小伙婚礼中无处不在，但其中也存在着诸多塔塔尔文化的基因，跳塔塔尔传统舞《艾皮帕》、挥舞手中的方巾、踢踏的脚下旋律，都又一再声明着自己不同的文化身份。在这个婚礼中所谓的"哈萨克的""塔塔尔的"，这样具有泾渭分明的舞蹈称呼，会显得突兀或者狭隘。

田野调查中一位十一岁的小姑娘，面对我这样的疑问，回答的天然童真："你可以说我是塔塔尔人，也可以说我是哈萨克，因为我说哈语，但是塔塔尔族。"以此，再看奇台大泉塔塔尔自治乡的塔塔尔舞蹈文化，一定不是我们"舞台"或"集成"当中规定的塔塔尔舞蹈，也不是一般意义上的"哈萨克舞蹈"，不是非彼即此的二者选一，而是在这两者之间的一种"兼有"，是独立于这"之间"的一种独立存在。

奇台大泉塔塔尔自治乡塔塔尔舞蹈，究竟是塔塔尔人的，还是哈萨克人的，已不是那么重要，最为可贵的是他们没有在文化身份的争论中迷失、纠结甚而排斥，而是在争议之间泰然自若，按照他们自己自发的存在方式，怡然生存、乐享自在。这种舞蹈的身体无关乎属于谁，而系乎于生存的自然、生活的自由、生命的自在，关乎于内心那份关于文化身份自信的追问。

参考文献

[1] 《塔塔尔族简史》编写组. 塔塔尔族简史[M]. 北京：民族出版社，2008.

[2] 宋伯年，李强. 西域音乐史[M]. 乌鲁木齐：新疆人民出版社，2006.

[3] 马立克·恰尼西夫. 中国塔塔尔族教育史[M]. 北京：民族出版社，2005.

[5] 周泓. 我国塔塔尔族历史来源略述[J]. 中央民族大学学报，1995（2）.

[6] 刘宾. 西域萨满论[J]. 西域研究，1996（3）.

[7] 佟德富. 中国少数民族原始宗教概述[J]. 世界宗教研究，1997（3）.

西和乞巧舞蹈的特征与社会功能浅析

叶俏华

摘要

位于我国甘肃陇南的西礼二县至今保存着最完整的乞巧节日习俗，西和乞巧历时整整七天八夜，被称为中国古代乞巧风俗的"活化石"。乞巧舞蹈反映了农耕文明与原始宗教、娱神与娱人相结合的特征，并在特定的节日时空中发挥着增强女性性别意识、社会交往与族群认同的功能。

关键词

乞巧　跳麻姐姐　乞巧舞蹈

叶俏华，湘潭大学硕士。

乞巧是流传在我国很多地方的一项古老民俗，历时久远，传布广泛。乞，祈求之意；巧，灵巧、聪慧之意。乞巧，即是指在农历的七月初七夜俗民群体通过祭拜等仪式向织女祈求赐予灵巧聪慧的节日民俗。它源于汉文化中织女、牵牛、河汉三种天象。东晋葛洪的《西京杂记》："汉彩女常以七月七穿七孔针于开襟楼，人俱习之"这是古文献中最早的关于乞巧的记载。

乞巧节，现更多称"七夕节"、"中国情人节"，随着历史进程的发展，这一独由女性欢度祈福的传统文化渐渐被"异化"、"庸俗化"，成为浪漫经济的最佳噱头。所幸，位于甘肃陇南的西和、礼县二县将此先民古俗完整保存。西和县位于甘肃省东南部，地处西汉水上游漾水河流域，大量考古和文献证明，这里曾是秦文化发祥地，而乞巧正是秦人古老遗风。随着现代社会变迁与文明发展，在乞巧古俗逐渐式微、碎片化的今天，唯有西和仍保持着历时最长、程序完整、规模宏大的乞巧习俗，成为中国古代乞巧风俗的"活化石"。西和乞巧节于每年农历六月三十开始至七月初七深夜结束，历时整整七天八夜，并形成坐巧、迎巧、祭巧、拜巧、娱巧、卜巧和送巧七个完整而规范的固有礼仪程式。2006 年 12 月，甘肃西和县被中国民间文艺家协会命名为"中国乞巧文化之乡"。2008 年 6 月 14 日，"西和乞巧节"入选全国第二批国家级非物质文化遗产名录。

一、西和乞巧舞蹈的形态

歌舞作为人类内在情感冲动的外在表现，自古就是营造节日气氛的重要元素。《毛诗序》曰："诗者，志之所之也。在心为志，发言为诗。情动于中而行于言，言之不足故嗟叹之；嗟叹之不足故咏歌之；咏歌之不足，不知手之舞之足之蹈之也。"在七天八夜的乞巧仪式中，乞巧歌舞始终贯穿其中，与仪式程序相辅相成，呈现出独有的特色，并承担相应的功能。从乞巧舞蹈的动作形态来看，主要有牵手摆臂式、往来穿插式、原地跳跃式和扭摆行进式四种类型。

（一）牵手摆臂式

唱巧姑娘，相约三五人，商定好要唱的歌曲后，在神桌前互相牵手站成一排。唱时双足不动，牵在一起的双臂随歌声节拍做前后摆动。强拍后摆，弱拍前摆。坐在炕上和站在神桌前的姑娘随声相和。在举行搭桥、迎巧、迎水、拜巧、送巧等仪式时多用此式。若唱巧活动在宽敞的户外进行，数十位姑娘就按身材高矮、前低后高排成若干排，一起牵手摆臂、齐声歌唱。远远听去，歌声欢快、嘹亮；一眼望去，阵容蔚为壮观。明朝朱日藩就有滇南少女"连臂踏歌，乞巧天孙"的记述。

（二）往来穿插式

俗称"参花剪子"。相约唱巧的四位姑娘，面对面地站在神桌前的空地四角上。唱巧开始后，每唱到"巧娘娘，想你着，我把巧娘娘请下凡"的副歌时，站在对角的两个姑娘随歌声摆臂行进，相互穿插、交换位置。转身站定时，再接唱下节歌词。再次唱到副歌时，站在另外对角的两位姑娘照样摆臂行进、穿插换位。就这样，在其他姑娘随声相和的歌声中，两对角的姑娘相继不断往来穿插，直至一曲唱完为止。

（三）原地跳跃式

分单足跳跃和双足跳跃两种。

① 单足跳跃，俗称"泼又泼"。相约唱巧的三四位姑娘，在神桌前站成一排。唱巧开始后，随着《泼又泼》歌的数板调节拍，她们一起在原地双腿交替单足跳跃。同时双臂大幅度交替摆动。跳跃动作先轻后重、先慢后快。在其他姑娘随声相和中，气氛紧张而热烈。一曲下来，跳"泼又泼"的姑娘，个个满头大汗，人人气喘嘘嘘。

② 双足跳跃，专用于"跳麻姐姐"仪式。与单足跳跃所不同的是双足同时作原地跳跃动作，并且双臂同一方向前后摆动，有的姑娘双臂摆到前方时，还要顺势在腹前作拍掌动作。

（四）扭摆行进式

在宽敞地带行进中唱巧时多采用此式。唱巧姑娘手拿纸扇或手帕，排成一行或数行，随歌声节拍，踏十字步行进。同时随着腰部的扭动，双臂在胸前舞摆。在边唱边走边扭摆中,可以变化出各种式样的行进队形。[1]

二、乞巧的灵魂——"跳麻姐姐"

乞巧的核心是向"巧娘娘"神祈求聪慧、灵巧,消灾降福。在乞巧的所有仪式中,"跳麻姐姐"最为严肃神秘,它属于巫术或原始宗教范畴。"跳麻姐姐"仪式具备"请神"、"通神"、"问事"与"送神"四大宗教祭祀元素,较完整地记录了母系氏族社会时期西礼先民与神灵对话的原初形态,是西礼乞巧的灵魂。而其中的乞巧舞蹈则是重要的不可缺少的组成部分,"以舞通神"是各种仪式活动中非常重要的一个部分,"麻姐姐"通过节奏和律动的舞蹈表演,产生出戏剧化或节律化的舞蹈动作,并在连续反复中进入意识模糊的癫狂状态,从而实现"巧娘娘附体",实现人神对话。

"跳麻姐姐"仪式程序

"跳麻姐姐"活动在供奉着巧娘娘纸扎像的神坛前举行,活动必须由一位中年神婆主持。麻姐姐,也称"麻姑",相关记载较少,公认是一位具有神力的仙女,是沟通巧娘娘和凡人的灵媒。活动开始前,麻姐姐藏到神桌下,躲在神桌的帷帐后面。神桌前铺着一条长方形红毡,神婆站在红毡边上,其他乞巧姑娘在神坛前围成一圈,准备请神。

(一) 请神

中年神婆在供奉着巧娘娘的神坛前炷香、焚表,跪祈巧娘娘显灵附体。随后姑娘们用数板调齐唱:"簸东了,簸西了,簸下的粮食鸡吃了。"又问:"麻姐姐,做啥着哩?"答:"磨面着哩。"姑娘们齐唱:"东磨面,西磨面,渠里无水磨不转。"再问:"麻姐姐,做啥着哩?"答:"擀饭着哩。"姑娘们旋即分成左右两部分,互相问答对唱:"多吗少?两盆哩。薄吗厚?照人哩。长吗短?"齐答:"噎!人!哩!"这时,麻姐姐一边钻出神桌一边用变声调大喊:"麻姐姐的神——来了!"

---

[1] 中国人民政治协商会议西和县委员编. 政协西和县志[M]. 兰州:兰州大学出版社,2009.

（二）通神

麻姐姐钻出神桌后即在中间跳神，其他姑娘伴舞齐唱《跳麻姐姐歌》："麻姐姐，虚空来，脚上穿的登云鞋。麻姐姐，隔河来，手里打着响锣来。麻姐姐，翻山来，脚踏铺下的红毡来。麻姐姐，神来了。黑天半夜咋来了？给神端的茶来了。麻姐姐，神来了。黑天半夜走来了，给神端的酒来了。杏核茶，封坛酒，虚空行，云里走，麻姐姐拿的降妖斗。"至此歌舞顿停其他姑娘随即蹲坐，跳神进入高潮：麻姐姐怒目圆睁，情态狰狞。边大颤大抖边狠劲拍手，自戕自挞甚者自惨，狂跳雀跃，动作夸张，语言斩钉截铁，或怒或哭，若吼若啸，若癫若狂，状若他人，残酷恐怖，令人畏惧。——神显灵了，通神成功。

（三）问事

跳着跳着麻姐姐就会昏倒在地气息奄奄，其状若灵魂出窍，这时中年神婆就把浑身酥软的麻姐姐抱在怀里问："你是巧娘娘还是麻姐姐？"麻姐姐呢喃回答，含混不清。中年神婆接着祈祷："巧娘娘，巧娘娘，请你嘴里头莫要留言，舌底下莫要压话，给黑眼的阳人指一条明路……"接着就有求子求财求功名或问病者开始抢着求问吉凶祸福，麻姐姐呢喃回答后再由中年神婆翻译给问事者。据说十分灵验。但一般情况下只能问一两件。

（四）送神

有时麻姐姐会跳到手足抽搐眼珠上翻口吐白沫蜷作一团，其状若有人用绳子狠劲捆绑；不时又气若游丝，似只有呼出之气而无吸入之气，宛若临终辞世之状。两状交替，残酷恐怖，观之叫人胆战心惊。这就是当地人所说的可怕的"把巧娘娘乞活了"。这种情况多出现在第一次"跳麻姐姐"的人身上。这时中年神婆便急忙焚烧黄纸恳求："巧娘娘，巧娘娘，阳人如有伺候不周到的地方，千万不要见怪。请神显灵上马归位！"其他乞巧姑娘遂齐声应和："请神显灵上马归位！"至此"跳麻姐姐"活动结束，乞巧进入下一程序。一般情况下，麻姐姐歇息一会儿，便会恢复到常人状态。[1]

---

[1]《地方文化研究辑刊》编辑部编.地方文化研究辑刊·第6辑[M].成都：巴蜀书社，2013.

三、西和乞巧舞蹈的特征

（一）农耕文明与原始宗教相结合

一方水土养一方人，不同的地域生态环境与历史文化传统，造就各具特色的人类文明。西和县地处西秦岭南侧长江流域嘉陵江水系西汉水上游，地势由西北向东南倾斜，西北属梁峁沟壑区，地表起伏平缓，土质肥沃，东南属岭南山林区，峰峦叠嶂，山岭陡峻。气候湿润，四季分明，属温带半湿润性气候。独特的地理位置和气候条件使农耕文明早早发迹于此。"岁时节日是农业文明的伴生物"[1]西和原始先民出于农业生产生活的需要，"观象授时"（观察日月星辰的变化），继而出现对牛郎、织女、汉河等自然星象的敬畏与崇拜，并随着历史推演逐渐发展为乞巧习俗。

处于特定的社会环境和历史文化中的西和乞巧舞蹈，是一种原典性质的农耕文明与原始宗教相结合的艺术形式。从西和乞巧舞蹈的形态看，除跳跃动作外，乞巧舞蹈整体上呈现节奏平缓和谐、韵律安详、讲究平衡对称的特点，这与推崇自然和谐、邻里相帮的农耕文化不谋而合。此外，乞巧舞中的"十字步"扭摆行进式为秧歌舞步，是农民插秧这一农业生产劳动在舞蹈中的艺术表达，体现了典型的农耕文明迹象。"跳麻姐姐"仪式中的动作，原地跳跃和摆动双臂则与古时巫师的祭祀十分相似，"以舞通神"、"神灵附体"都是原始宗教祭祀的古老遗风，反映了秦人始祖的自然崇拜。

（二）娱神与娱人相结合

"乞巧就是通过向织女神敬献歌舞的外在表现形式进行娱神以满足神灵的视觉需求，从而使自己在心理上形成一个能与神灵沟通的神圣空间，其本质实际上是把乐舞作为一种与神灵沟通的媒介，目的是为了取悦神灵以索取利益。"[2]乞巧舞蹈作为祭祀秦人始祖女修的仪式性舞蹈，以舞献祭、祭神愉悦是其最初目的。人们借助舞蹈的动态感和节奏感渲染仪式气氛，以精心准备的贡品为礼物，以歌舞为中介沟通人与神，实现酬神求报，祛病消灾的功利目的。随着现代文明和舞蹈艺术的发展，乞巧舞姿中已融入许多现代舞蹈

---

[1] 钟敬文. 民俗学概论 [M]. 上海：上海文艺出版社，1999：135.
[2] 王文生. 礼县乞巧的艺术形式及社会功能 [D]. 西北民族大学，2013.

的优美动作，原始的实用性目的弱化而观赏性大大增强，人们在乞巧歌舞中，以优美的体态、愉悦的心情欢庆祈福，达到以娱为主题的人神欢愉状态。

四、西和乞巧舞蹈的功能

乞巧舞蹈从原始氏族社会一直延续至今，经过了几千年的发展嬗变，依然活跃，这与其在西和历史发展与文化建构过程中发挥的功能息息相关。

（一）增强女性性别意识

在漫长的封建时期，男性一直是社会的主宰，女性长期处于社会强加的教条戒律的束缚之下，她们内心寻求自由的自然本性受到压抑。乞巧之俗恰好为这种紧绷状态提供了绝佳的释放空间。西和乞巧是独由女性欢度的节日。"巧娘娘"是女性崇高地位的象征。通过乞巧舞蹈的学习与表演，女性借由乞巧这一节日时空而尽情释放内心自由与无拘无束的性情。祈求巧娘娘赐予她们聪慧、灵巧。这一过程对女性增强社会性别意识、培养女性的自我认同价值有着"成年礼"式的教化意义。

（二）社会交往功能

传统社会，女性被要求待字闺中，不宜轻易出门，她们与社会处于相对隔绝状态。乞巧习俗为女性直接接触社会提供了一条途径。乞巧期间，姑娘们成群结队，和其他村庄进行交流学习、切磋歌蹈技艺，增进彼此的往来情谊。同时，歌舞表演还是未婚女子获得姻缘的一种方式。由于社会的束缚，未婚男女平常鲜有接触的机会，乞巧期间，未婚女子纵情歌舞，未婚男青年前来观赏，择定心中的理想人选。乞巧舞蹈以其特有的动态感和节奏感渲染仪式气氛，营造出一个直感而神秘的空间。它通过象征性与表演性的方式为西和女性群体和青年男女之间提供了娱乐、学习、交流的平台，是乞巧女性社会化的关键环节。

（三）族群认同功能

乞巧舞蹈的另一重要功能即是民族凝聚力，增强族群群体的共同起源意识。在乞巧歌舞营造的节日氛围中，个体通过集体的仪式舞蹈融入到集体中，一致的旋律、共同的动作使得个体在激昂的情绪中凝结为同一体。正如马林诺夫斯基所言："在部落的盛大集会中，共同舞蹈和歌唱时审美经验的沟通……都可以把一个团体在强烈情感之下团结起来。"[1]乞巧舞蹈为族群成员提供了交流的场所，为族群文化营造了集中展演的文化空间，强化了西和民族共同起源的意识。

参考文献

[1] 中国人民政治协商会议西和县委员会编. 政协西和县志[M]. 兰州：兰州大学出版社，2009.

[2]《地方文化研究辑刊》编辑部编. 地方文化研究辑刊 第6辑[M]. 成都：巴蜀书社，2013.

[3] 钟敬文. 民俗学概论[M]. 上海：上海文艺出版社，1999：135.

[4] 王文生. 礼县乞巧的艺术形式及社会功能[D]. 西北民族大学，2013.

[5]（英）马林诺夫斯基. 文化论[M]. 费孝通，译. 北京：中国民间文艺出版社，1987：88.

1（英）马林诺夫斯基. 文化论[M]. 费孝通，译. 北京：中国民间文艺出版社，1987：88.

附录

《中国节日志》已出版书目

《中国节日志·妙峰山庙会》岳永逸

《中国节日志·仙女节》张跃

《中国节日志·特懋克》郑晓云

《中国节日志·安国药王庙会》刘铁梁

《中国节日志·渔民开洋谢洋节》顾希佳

《中国节日志·插箭节》李玉琴

《中国节日志·阿露窝罗节》陈复声

《中国节日志·春节（山西卷）》段友文

《中国节日志·春节（青海卷）》赵宗福

《中国节日志·春节（浙江卷）》（上下）顾希佳

《中国节日志·春节（安徽卷）》（上下）卞利 汤夺先

《中国节日志·春节（河南卷）》（上下）吴效群 彭恒礼

《中国节日志·胡集书会》王加华

《中国节日志·如密期》张跃

《中国节日志·桑衍新年》街顺宝

《中国节日志·十月年》白永芳

《中国节日志·查白歌节》谢彬如

《中国节日志·拉木鼓》赵富荣

《中国节日志·姊妹节》刘冰清

《中国节日志·蚂蚁节》廖明君

《中国节日志·莲花山花儿会》武宇林

《中国节日志·六月会》曹娅丽

《中国节日志·刀杆节》高志英

《中国节日志·春节（山东卷）》张士闪

《中国节日志·春节（甘肃卷）》李静

《中国节日志·赛装节》杨甫旺

《中国节日志·春节（河北卷）》周大明

《中国节日志·赛装节》杨甫旺

《中国节日志·纳顿节》刘目斌

《中国节日志·马街书会》黄纬华 雷桂华

《中国节日志·羌年》蒋彬

《中国节日志》即将出版书目

《中国节日志·观潮节》张炜芬

《中国节日志·哈节》黄安辉

《中国节日志·春节（广西卷）》徐赣丽

《中国节日志·春节（广东卷）》刘晓春

《中国节日志·春节（吉林卷）》孙桂林